Du musst sie einfach lieben!

Zitat eines in der Entwicklungshilfe
erfahrenen Kollegen.

Karlheinz Mayer

Inschallah Morgen Vielleicht

Episoden aus dem Leben
eines
»Entwicklungshelfers« in
SAUDI-ARABIEN

Bibliografische Information der Deutschen Nationalbibliothek:
Die Deutsche Nationalbibliothek verzeichnet diese Publikation in
der Deutschen Nationalbibliografie; detaillierte bibliografische
Daten sind im Internet über dnb.dnb.de abrufbar.

© 2020 Karlheinz Mayer
Herstellung und Verlag: BoD – Books on Demand, Norderstedt

ISBN: 978-3-7534-2005-9

Inhalt

WORUM GEHTS

Wahrscheinlich denken Sie: Saudi-Arabien ist doch das Land, in dem Frauen nicht Auto fahren dürfen, in dem es keine Glaubens- und Meinungsfreiheit gibt, das Leopard-Panzer zur Unterdrückung seiner Bevölkerung einsetzt, wo Gastarbeitern der Pass abgenommen wird und, wo der strenge Islam jegliche öffentliche Spaßveranstaltungen verbietet. Und so weiter und so fort. Kaum positive Assoziationen verbinden sie wohl mit diesem Landes-Namen!

Ja, das meiste davon war und ist Saudi-Arabien leider immer noch! Aber so Einiges hat sich geändert in den letzten 20 Jahren.

Es ist nämlich auch das Land von *McDonald*, von *Kfc*, von *IKEA*, von *Coco Chanel*, *von Versace*, . . . von individueller Einkommens-Steuerfreiheit, von kostenfreier Gesundheitsversorgung und von unvorstellbarem Reichtum.

Und seit Saudi-Arabiens *Kronprinz Mohamed bin Salman* eine Verwestlichungs-Revolution angestoßen hat, verändert sich das Wüstenreich in atemberaubendem Tempo. Es gewährt Frauen mehr Rechte und baut eine Tourismus- sowie Unterhaltungsindustrie auf. Die Kleiderordnung wurde liberalisiert, Frauen dürfen Autofahren, Kinos wurden eröffnet. Auch das Internet erobert, leider nicht nur zum Positiven hin, insbesondere die junge Bevölkerung.

Und vor allem es ist ein Land voller Menschen wie Sie und ich, mit Wünschen, Sorgen und Freuden!

So ging ich vor einigen Jahren, alle Unkenrufe aus meinem sozialen Umfeld in den Wind schlagend und gegen meine eigenen Ängste und Vorbehalte ankämpfend, als Berufsbildungsexperte in dieses widersprüchliche, mit negativem Nimbus umgebene Land und erlebte überraschend einige der schönsten und erfahrungsreichsten Jahre meines Lebens. Denn ich erlebte, über alle kulturellen Schranken hinweg, erstaunlich positive menschliche Begegnungen und ich erfuhr eine Befreiung vom Getriebensein westlichen Lebensstils.

Darüber will ich in meinen Aufzeichnungen berichten.

Schade nur, dass Arabisch nicht gerade eine Sprache ist, die hierzulande, zumindest in Ansätzen, jeder versteht.

Denn viel lieber hätte ich als Titel neben *Inschallah* auch noch die arabischen Worte: *»**B**okra **M**umkin«* anstatt ihre deutsche Übersetzung *»Morgen Vielleicht«* verwendet.

Diese drei arabischen Worte sind aus westlicher Sicht nämlich Inbegriffe saudischen Lebensgefühls und ergeben in ihrer Kurzform **IBM** eine so wunderbare Ironie:

IBM[1], das Firmenkürzel des US-amerikanischen Großkonzerns steht unzweifelhaft für rasenden Fortschritt, immer schneller und schneller, möglichst schon gestern und nicht erst morgen. Es repräsentiert somit genau das Gegenteil der mir bekannt gewordenen arabischen Lebensphilosophie: *»Was du heute **nicht** kannst besorgen, verschiebe ruhig auf morgen.«* Und, das auch noch unter der Schirmherrschaft oder der Legitimation durch den Willen Gottes *(Inschallah)*.

Nein, ich machte mir die Wahl für den Buchtitel wirklich nicht leicht. Meine Erstidee war die Redewendung: *»Mafi Muschkila«* die meinem Lebensgefühl während der saudischen Jahre am ehesten entsprach. Ebenso treffend als auch genauso unverständlich wie IBM.

Aber: auch *Mafi Muschkila* ist für meine Darstellungen so wichtig, dass ich seine Bedeutung doch kurz erklären möchte: *Ma-fi* meint wörtlich *nicht-gibt* oder *nicht-ist.* Und *Muschkila* heißt einfach *Problem.* Also sinngemäß:

»Kein Problem oder macht nichts.«

---

[1] International Business Machines Corporation

Der Grund dafür, weshalb mir dieser Titel als erster im Laufe des Schreibens in den Sinn kam ist einfach der, dass ich, durch die aufgefrischten Erinnerungen, immer mehr und mehr das Gefühl bekam: Es war in meiner Saudi-Arabien-Zeit eigentlich irgendwie *»alles kein Problem«!* Auch wenn es erst einmal danach aussah, lösten sich Probleme meist irgendwie in Luft auf.

Ein weiterer, später gelernter arabischer Ausdruck stand dafür ebenso Pate: *schwoa, schwoa* ähnlich wie *langsam, langsam* oder auch *ein bisschen* oder ganz allgemein: ***Nimm's nicht so wichtig, reg dich nicht auf!***

Es geht also, alles in allem betrachtet, um die Erfahrung des Hinausschiebens (*bokra*), der Unzuverlässigkeit (*mumkin*) und der individuellen Nichtverantwortlichkeit (*inschallah*) im saudischen Leben.

Für eine florierende Verwaltung und eine funktionierende Wirtschafts- und Arbeitswelt oder eine gezielte Ausbildung nicht gerade die positivste Haltungen.

Dennoch: es schwingt eine gewisse *liebenswürdige Gelassenheit* mit, in diesen für uns chaotisch und unproduktiv wirkenden Einstellungen. Sind wir doch auf perfektes Funktionieren getrimmt. Aber in der Tat half mir gerade diese liebenswürdige Facette der Lebensführung, in der durch den Islam geprägten orientalisch-arabischen Welt, meinem Leben eine neue Richtung zu geben: Ich wollte mich etwas befreien vom Ehrgeiz, vom Streben nach Anerkennung nur durch Leistung, durch schneller und besser sein im Konkurrenzkampf.

Ich wollte innerhalb meiner Tätigkeit als Ausbildungsberater nicht nur *mein* Wissen über die neuesten Fertigungstechniken und deren Vermittlung in Ausbildung und Unterricht vermitteln. Nein, auch ich wollte lernen. Lernen, mich mit meinen Ehrgeiz zurückzunehmen, mein Wohlbefinden unabhängiger zu machen von den für uns so bestimmenden Werten beruflichen Erfolgs und Misserfolgs.

Und dabei halfen mir durchaus die Verhaltensweisen meiner *»Schützlinge«*[2].

Ich musste lernen mich in Geduld zu üben, wenn *Mohamed* eben nicht zum vereinbarten Zeitpunkt des Trainings kam, weil er zum Beispiel seine Frau zum Arzt begleiten musste. Oder wenn die Gebetszeit seine Anwesenheit bei der abgesprochenen Unterrichtsplanung verhinderte. Ja, es nervte anfangs. Aber es war für mich eine enorm wichtige Übung in Gelassenheit.

Ein Kollege pflegte in Situationen, in denen aus unserer Sicht eigentlich Kritik oder Ärger angebracht gewesen wäre, dazu zu sagen: *»Du musst sie einfach lieben!«*

Entgegen dieser Ironie ergaben sich aber in der Tat durchaus echte freundschaftliche Beziehungen.

---

[2] Im Entwicklungshilfe-Jargon werden sie als *»Counterparts«* bezeichnet

Wie oft haben wir gemeinsam gelacht, wenn ich zum Beispiel *Omar* mit seinem bei jeder Gelegenheit eingeschobenen *inschallah* aufzog.[3]

Oder was war das doch ein erstaunliches Erlebnis für mich, als während des Ramadans *Habiballah* [4] auf meine Bitte hin, mir, einem Christen zuliebe, die im Büro aus einem Lautsprecher durchgehend laut erklingenden religiösen Gesänge einfach abschaltete. Mehr *Toleranz* ist kaum noch möglich! [5]

Und ich erinnere mich an meinen *»Schüler«* Isa einen Junglehrer, der mich wohl als *»väterlichen«* Freund ansah und mir die intimsten Sorgen aus seiner jungen Ehe anvertraute, die er wohl niemals, aus Gründen seiner Gesichtswahrung, einem seiner Kollegen erzählt hätte. [6]

Aber selbst von *»Machtorganen«* erlebten wir erstaunliche Zuwendung und Unterstützung. So fielen wir zum Beispiel aus allen Wolken, als uns, nach vorheriger Machtdemonstration, der Befehlshaber der Küstenwache kurzerhand mit einem unter seinem Befehl stehenden Küstenwachboot eine Gratisüberfahrt zu den vorgelagerten Farasan-Inseln schenkte. [7]

Gerade in Zeiten weltweiter *im Namen des Islam* begangener Gräueltaten und *»islamistischer«* Terroranschlägen von *»Boko Haram«* und dem *»Islamischen*

---

[3] Siehe Abschnitt *»Omar«*
[4] Entspricht etwa unserem Namen *Gottlieb*
[5] Siehe Abschnitt *»Habiballah«*
[6] Siehe Abschnitt »Emanzipation unter Isa,«
[7] Siehe Abschnitt »Weihnachtsurlaub«

Staat« erscheint es mir sehr wichtig, von meinen positiven menschlichen Erfahrungen mit Moslems, gerade in dem Land, das sich als *Hüter der islamischen heiligen Stätten* versteht und als Vorbild einer streng islamischen Gesellschaft gelten möchte, zu berichten.

Zwar möchte ich mich hier nicht auf das glatte Eis weltpolitischer Urteile begeben. Nur so viel: Sollten unsere westlichen Politiker, der Meinung sein, sie sollten nun auch Saudi-Arabien, etwa im Zuge der Abkoppelung vom saudischen Öl, ebenso wie den Iran isolieren, würde man mit Sicherheit eine Radikalisierung, der noch im Zaume gehaltenen konservativ-terroristischen Kräfte heraufbeschwören.

So musste ich zum Beispiel erleben, wie nach einer erneuten Provokation *Saddam Husains* 1994 durch eine massive Truppenzusammenziehung in Richtung der kuwaitischen Grenze, die amerikanische Regierung für ihre Abwehr der Saddam'schen Aggression, dem Vernehmen nach, den saudischen Staatshaushalt so sehr belastet haben soll, dass von einem Tag auf den anderen, die Benzinpreise an den staatseigenen Tankstellen mehr als verdoppelt wurden. Sofort lief eine Welle der antiamerikanischen Parolen durch das Land. Und ein bis dahin noch als völlig unmöglich gehaltener terroristischer Akt im Sommer 1995 erschütterte in Riad eine amerikanische Militärberaterniederlassung.

Auch sollte es unseren westlichen Gesellschaften nicht einerlei sein, wie sich die Ökonomie des Landes in die Zukunft hinein ohne Öl entwickelt. Seit Jahren bemüht sich Saudi-Arabien eine gewisse gewerbliche Industrie als zweites Standbein neben der Ölförderung aufzubauen. Daran arbeitete unser Projekt durch Ausbildung saudischer Jugendlicher in handwerklichen Berufen. Das Losungswort dazu heißt »*Saudisierung*«.

Trotz all dieser Bemühungen ist es aber bis heute noch nicht gelungen die vielen ausländischen Fachkräfte, zu ersetzen. Denn die so ausgebildeten jungen Saudis finden in den wenigen Industrieunternehmen, aus traditionsgebundenen und vor allem ökonomischen Gründen heraus, immer noch keine Anerkennung gegenüber den ausländischen Fachkräften.[8] So gibt es auch schon heute ein nicht mehr zu ignorierendes Herr von arbeitslosen Jugendlichen. Bisher gelang es noch, diese jungen Männer in der Familie aufzuheben. Aber auch das wird schwieriger, denn die sicheren öffentlichen Arbeitsplätze werden rarer und vielen Vätern gelingt es nicht mehr zwei oder drei heranwachsende Jungens mit zu ernähren.

Wie wir in unserem eigenen Land erfahren müssen, sind derartig zukunftslose junge Menschen sehr, sehr anfällig für eine Ablehnung der vorgefundenen Lebensverhältnisse und neigen dazu sich radikal dem System entgegenzustellen. Dem zu begegnen müht sich der Kronprinz wohl ab, eine etwas freiere westlichere Lebensführung zu ermöglichen.

---

[8] Siehe Abschnitt »Saudisierung«

Ich will damit nichts beschönigen, auch nicht die durchaus vorhandenen und zu kritisierender Ungerechtigkeiten, Unzulänglich- und Fragwürdigkeit dieses religiös-totalitären Systems verniedlichen oder entschuldigen. Aber etwas Verständnis für die Zivil-Bevölkerung, die, ebenso wie wir, unter manchen Regierungsentscheidungen leiden oder sie einfach zähneknirschend erdulden müssen, möchte ich schon wecken.

Unmenschen bin ich jedenfalls in all den mehr als sieben Jahren meines Wirkens in Saudi-Arabien nicht begegnet. Sicherlich erfuhren wir von einigen mehr konservativen Menschen Intoleranz und Ablehnung. Gesagt muss aber auch werden, dass diese Vorbehalte gegenüber »Westlern« oft auch durch ignorante oder auch provokative Missachtung der alltäglichen gesellschaftlichen Gepflogenheiten geschürt werden.

Für wie dumm und persönlichkeitseinschränkend wir auch die öffentliche Kleiderordnung zum Beispiel für Frauen halten mögen, so ist es unnötig provokativ, wenn, wie nach dem zweiten Golfkrieg in *Riad* geschehen, amerikanische Soldat*innen* mit offenen Haaren und in kurzen Hosen Jeep fahrend durch die Stadt rasten. Für konservative Saudis ist so etwas unerträglich.

Auch Bekehrungsversuche waren am Anfang meiner Tätigkeit an der Tagesordnung. Aber sehr, sehr selten war Aggression mit im Spiel. Und nach einiger Zeit war eine wohlwollende Akzeptanz meiner Person zu spüren und mich auch als »Ungläubigen« in ihre

Reihen aufzunehmen. Wenn zum Beispiel der einladende Ruf »*Futur, Futur*«[9] durch die Trainigswerkstatt schallte. Oder, wenn wir gemeinsam irgendeine Beförderung oder das Bestehen einer Prüfung auf Saudi-Art feierten.

Ich denke auch das war ein wichtiges Win-Win Ergebnis meiner Entwicklungsarbeit über alle Kulturschranken hinweg. Nämlich eine humane Verständigung zu erreichen, die für beide Seiten deutlich macht, dass wir Menschen bei allen Denk- und Glaubensunterschieden doch die gleichen Bedürfnisse nach Zuwendung, Anerkennung und friedlichem Zusammenleben haben.

Für Saudis, die im Westen studiert hatten und in ihre Heimat zurückkamen, war es ein nicht einfach zu bewältigender Widerspruch zwischen dem im Studium gelernten, mehr rational dem Fortschritt und der individuellen Freiheit verpflichteten westlichen Denken, und ihren, das soziale Handeln bestimmenden, Traditionen.

So war es auch unseren in Deutschland studierten Counterparts nicht möglich uns, im Zuge einer privaten Einladung, der Familie vorzustellen. Für uns unverständlich, lebten doch deren Frauen bis zu 7 Jahren mit in Deutschland, brachten dort einige Kinder zur Welt und kannten doch daher unsere Gepflogenheiten, dass sich eben nicht jeder Mann bei der erstbesten Gelegenheit sofort einer Frau unsittlich oder zumindest ungebührlich nähert. Aber daran lag es

---

[9] Frühstück, Frühstück

nicht, sondern an der Frage: was würden denn die Nachbarn denken?

Noch dazu gibt es einen saudischen (oder gar islamischen) Spruch: *»Wenn Frau und Mann alleine zusammen sind, dann ist der Teufel der Dritte.«* Islamischer Humor!?

In diesem Sinne sollten die erzählten Episoden von einer schmunzelnden Leichtigkeit und Ironie getragen sein, trotz der angedeuteten und auch real vorhandenen Probleme. Und ich muss bekennen:

Von den siebeneinhalb verbrachten Jahren in Saudi-Arabien waren für mich wenigstens die ersten sechseinhalb Jahre einige der schönsten, wenn nicht gar die schönsten Jahre meines bisherigen Lebens!

Obwohl ich kein traditionell religiöser Mensch bin, möchte ich doch an dieser Stelle die in Saudi-Arabien tagtägliche und in jeder Situation verwendete, universelle, arabisch religiöse Dankesbekundung für das erfahrene Glück in dieser Zeit ausdrücken:

Alhamdulillah! oder الحمد لله

Zur Natur der Entwicklungshilfe, zu der ich in Saudi-Arabien eingesetzt war, sollte ich noch einiges erklären: Es war keine Entwicklungshilfe im üblich verstandenen Sinne, die, aus deutschen Steuergeldern finanziert, ärmeren Dritt- oder Schwellenländern zugutekommen soll. Dafür gäbe es in Saudi-Arabien keinen Grund.

Es war eine längerfristige Hilfe zur Entwicklung der saudischen Wirtschaft, weg von der Abhängigkeit vom Öl, wofür die Saudis gutes Geld an unsere Organisation zahlten.

Außerdem unterstützten wir mit unserer Arbeit die deutsche Wirtschaft durch Ausrüstungsaufträge, die wir vermittelten.

Ebenfalls ist der Zeitfaktor absolut untypisch für normale Entwicklungsarbeit. Unsere Organisation engagierte sich dort etwa an die 30 Jahre im Bereich der beruflichen Bildung.

Begründet wurde diese langfristige Arbeit in den frühen 70er Jahren damit, dass den Saudis klar wurde (z.B. auch durch die Veröffentlichungen des Club of Rome), dass ihre Ölquellen nicht ewig sprudeln würden. Deshalb wurde angestrebt, eine handwerklich-industrielle Mittelschicht heranzubilden. Und zu diesem Zweck bemühten wir uns, ein nachhaltiges Berufsausbildungssystem aufzubauen und weiter zu entwickeln.

Zum Aufbau der Geschichtensammlung sei gesagt:

1. Es könnte sein, dass sich das oben genannte »Nimm's nicht so wichtig«, hier bezüglich der genauen Chronologie, auch ein wenig durch meine vorgelegten Erinnerungen zieht. Denn nun, nach bereits 20 Jahren Abstand zum Erlebten, geht möglicherweise manches zeitlich ein wenig durcheinander, aber inhaltlich (nicht wortwörtlich) stehe ich in allen Fällen zu dem Erzählten.

2. Auch wenn dem einen oder anderen Leser Manches zu dick aufgetragen erscheinen mag: Es ist die reine Wahrheit!

3. Die Episoden sind nur bedingt zeitlich und inhaltlich auf einander bezogen. Nur in den seltensten Fällen wird auf eine davorliegende verwiesen. Sie können also ohne Verständnisprobleme beliebig einzeln und müssen nicht in zwingender Reihenfolge gelesen werden.

Zur Redaktion dieses Büchleins wäre noch zu erwähnen, dass die deutschen Namen gekürzt und die arabischen verfälscht wurden.

ENTSCHEIDUNG

Ich erinnere mich nicht mehr daran, ob in den letzten Jahren des vorigen Jahrhunderts der Begriff schon geläufig war; jedenfalls fühlte ich mich damals so: *überfordert, lustlos, erfolglos, traurig, enttäuscht, hintergangen, ausgetrickst* und so weiter und so fort: Ich war eben nahe an einem **Burnout**.

Mit den näheren, detaillierten Umständen, wie es im Laufe meiner Zeit als Berufsschullehrer an einer Kreisberufsschule im Bereich Metalltechnik dazu kam, möchte ich den geschätzten Leser nicht langweilen.

Nur so viel: Die Entwicklung unserer Berufsschule schlug einen Weg ein, der einem Irrweg glich. Ehe man sich's versah, war man: von 8 bis 9 Sonderschullehrer bei 18-jährigen, extrem Lernbehinderten, um ihnen das kleine Einmaleins nahezubringen. Von 9 bis 12 dann Fachlehrer in Metallberufsklassen.

Zwischendrin gab ich dann und wann auch mal eine Stunde Deutsch oder Sozialkunde (als studierter Maschinenbau-Ingenieur!), z.B. bei Metzgerlehrlingen (Entschuldigung: AZUBIs natürlich).

Bis 15 Uhr war ich dann noch in der Höheren Berufsfachschule für Informatik ein, der Computerentwicklung hinterherhechelnder Informatiklehrer, wofür ich selbstverständlich während meiner unterrichtsfreien Zeit eine Zusatzqualifikation erworben hatte. Und zeitweise war ich dann auch noch abends bis 21 Uhr bei den erwachsenen Abendschülern der Technikerschule eingesetzt. Nicht immer, aber immer öfter!

Aber damit noch nicht genug: Bis spät in die Nacht hinein erledigte ich eine, sich über Monate erstreckende, mir freiwillig auferlegte, aber als sinnvoll und aus Kostengründen notwendig erachtete Arbeit. Nämlich: die Erstellung eines Simulations-Programms für Schülerprogrammierübungen von computergesteuerten Werkzeugmaschinen.

Ehrgeiz, Ehrgeiz oder doch eher Freude an der Arbeit? Sicher beides, aber der Freudenanteil schwand über die Zeit mehr und mehr, denn die erhoffte und eigentlich von mir als selbstverständlich erwartete Anerkennung konnte ich nicht fühlen. So keimte in mir immer häufiger der Gedanke auf: »Da musst du mal für eine Weile raus! Du musst einen Versuch starten, um in einem neuen Wirkungsfeld zu lernen dich zurückzunehmen, deinen Ehrgeiz und deine Hyperaktivität auf Eis zu legen und dich psychisch zu regenerieren.«

Nicht zufällig also bemerkte ich ein Stellenangebot einer großen halbstaatlichen Entwicklungshilfegesellschaft, die einen, auch ruhig schon älteren Experten

(Ich wurde im nächsten Jahr 50) für die Beratung der Lehrkräfte eines Technischen Colleges in Dschidda am Roten Meer in Saudi- Arabien suchte.

Ich bewarb mich darauf und beim ersten Gespräch wurde deutlich, dass ich mit meinen Schwerpunkten, den neuen Computer- und Steuerungstechnologien, genau der Stellenausschreibung entsprach.

Außer, dass ich mein Englisch ein wenig aufpolieren sollte, wollten sie mich dafür haben, das wurde schon mal klar. Aber wollte und konnte *ich* auch wirklich?

Nun tat ich bisher so, als ob ich mit meinen Problemen und den damit zusammenhängenden Entscheidungen alleine gestanden wäre. Dem war und ist nicht so. Meine Frau *Christiane*, selbst berufstätig, war davon natürlich immer stark betroffen und auch manchmal in Mitleidenschaft gezogen. Schon monatelang haben wir diskutiert, wie wir gemeinsam meiner Situation begegnen könnten. Einem *Tun* muss in einer Partnerschaft nämlich auch ein *Lassen* gegenüberstehen.

Sie wollte ihren Beruf erst mal aus Liebe dazu nicht aufgeben, wollte mich aber in meinem Unglück nicht weiter verhaftet sehen. *»Was habe ich von einem Mann, der täglich unglücklich nach Hause kommt?«*, war eine ihrer wiederholten Fragen. *»Also muss ich dich halt gehen lassen, wenn du meinst, es gibt dir neue Perspektiven und du wirst wieder glücklicher! «*

»Ja, das meine ich und ich will! «

VORBEREITUNG

Ich sagte also zu, aber leider ging nun nicht alles so glatt vonstatten wie erhofft. Schon die erste Geduldsprobe stand an. Die Entscheidungen auf saudischer Seite ließen auf sich warten und warten. In zweifacher Weise wurde die Entscheidung hinausgeschoben.

Erstens: Folgen des Zweiten Golfkriegs verzögerten Entscheidungen in Regierungsgeschäften (die Grundlage für meine Anstellung war ein Staatsvertrag, der immer wieder erneuert werden musste).

Zweitens: Wie ich dann später erfuhr, war ich als hochqualifizierter Theoriemann angeboten worden und demgemäß vertraten erst mal die saudisch-ägyptischen Theorielehrer die Meinung, *sie* bräuchten keine Beratung, sondern nur die Praxislehrer hätten es nötig. Ich war aber ihrer Meinung nach eben kein Mann der Praxis.

Erst der Intervention des neuen Projektleiters hatte ich es zu verdanken, dass sie ihre Meinung änderten. Er machte ihnen nämlich klar, dass in diesem Technologiebereich Theorie und Praxis überhaupt nicht zu trennen seien.

Übrigens: Diese Trennung von Theorie und Praxis ist, wie ich später erfuhr, eine aus unserer Erfahrung heraus grundsätzlich missliche Einstellung der arabischen Lehrkräfte auf allen Gebieten der Technik.

Endlich kam die Zusage und nun sollte alles sehr schnell gehen. Auch eine Eigenschaft saudischer Entscheidungsfindung: Erst tut sich lange, lange Zeit überhaupt nichts. Aber dann muss alles sofort und von jetzt auf gleich gehen!

Eine Beurlaubung vom Schuldienst war relativ schnell erledigt. Mein Schulleiter war wohl der gleichen Meinung wie meine Gattin: Was hätte er von einem Lehrer, der ohne Kraft und Freude seinen Unterricht abzöge?

Wörtlich meinte er: »*Ich werde einen Teufel tun, Sie zurückzuhalten.* «

Zum Schulhalbjahr packte ich also meine wenigen Habseligkeiten zusammen. Übergab einige Kursunterlagen meinem Nachfolger und machte mich aus dem sprichwörtlichen Staub in den realen Staub der saudischen Wüste.

Zuerst wurde ich aber für 2 Wochen nach Cork in Irland zum »*brushing up my english*« geschickt.

Es war insgesamt, glaube ich, der dritte oder vierte Linienflug in meinem bisherigen Leben. Einige Jahre davor flogen wir zur Schwester meiner Frau in die USA und als Geschenk zu unserem ersten Hochzeitstag im Jahre 1968 von Hannover nach Berlin. Es sollten noch gefühlte hunderte Flüge im neuen Job werden.

Eine nette junge Irin nahm mich im Einzelunterricht unter ihre Fittiche. Oder war es doch eher eine Fuchtel?

Jedenfalls war es sehr, sehr hart, bis 6 Stunden quasi am Stück englisch zu pauken.

Zurück in Deutschland, genoss ich dann mit acht weiteren Neuausreisenden ein paar Tage Einweisungen in Land und Leute. Einige arabische Floskeln sollten wir auch lernen. Beispiele:

Jemandem einen Gruß entgegen zu bringen, klingt so: »*salem aleikum*« und ihn zu fragen wie es ihm denn so gehe, heißt dann: »*käfhalik*?«. Wenn er darauf antwortet: »*alhamdulillah*« oder einfach »*qweues*«, sollten wir wissen, dass es ihm, *Dank Gottes*, gut ginge.

Dies alles so, wie wir es gehört hatten, denn schriftlich gab es da nichts. Wie denn auch, bei der fremden Schrift!

Was er sagt, wenn es ihm schlecht geht, haben wir allerdings nicht gelernt. Später im Land habe ich dann erfahren, dass das auch überhaupt nicht wichtig ist, denn einem »gottesfürchtigen« Saudi geht es sowieso nie schlecht.

Christiane und ich nahmen bei der Ausreise mit Fassung Abschied, denn es war ja nicht schicksalhaft und für immer. Wir hatten nämlich schon geplant, dass sie mich bereits drei Wochen später besuchen würde und außerdem hatten wir es ja so gewollt.

Also: Da gibt's kein Jammern und kein Klagen!

ANKUNFT

So bestieg ich also zum vierten Mal in meinem Leben ein Großraumflugzeug, aber zum ersten Mal eine Maschine der Saudi-Airlines. Wir hatten nämlich die vertragliche Verpflichtung, für unsere Dienstflüge nur Saudi-Airlines zu benutzen. Es sollten, wie schon mal erwähnt, im späteren Verlauf meines Lebens im Dienste der Saudis gefühlte hunderte Saudi-Airline-Flüge werden. Natürlich mit ihrem berühmten muslimisch-spartanischen Service, nämlich ohne jeglichen Alkohol.

Der Flug dauerte etwa 6 Stunden und wir kamen so gegen 18 Uhr in Dschidda an. Um diese Jahreszeit war es schon stockdunkel, finstere Nacht. Umso mehr beeindruckte der Anflug. Ein unglaubliches Lichtermeer flutete uns schon in noch großer Höhe entgegen. Es war auch bei allen weiteren Anflügen immer ein fantastisches Erlebnis.

Weniger berauschend war dann vor den Einreiseschaltern die lange, lange Wartezeit, die nahezu genauso lange dauerte wie der gesamte zurückliegende Flug.

Was ich leider nicht bei der Vorbereitung auf Land und Leute erfahren hatte, war, dass zur Einreisezeit geradewegs der Pilgermonat Hadsch in vollem Gange war. Es traf mich also völlig überraschend. Im früheren Leben wäre ich ausgeflippt. Aber nun sah ich es als erste Prüfung an, mich geduldig zu geben, mich zurückzunehmen und einzufügen in die wartende Menschenmasse, die fast ausschließlich aus pakistanischen Pilgern bestand. Sie kauerten gelassen auf dem Boden, verzehrten Mitgebrachtes und erschienen glücklich: waren sie doch fast schon am Ziel ihrer Träume angelangt- Mekka!

Was ich auch nicht wusste, war, dass mich meine zukünftigen Kollegen abholen wollten und teils mit Kind und Kegel in der Flughafenhalle auf mich warteten.

Als ich dann endlich durchkam, wollten sie mich nicht gleich mit schlechter Laune empfangen und machten gute Miene zum bösen Grenzerspiel. Philipp, der kleine Sohn des Kollegen S. aus der Elektroabteilung, war auf dem Arm seiner Mutter eingeschlafen, und meinem zukünftigen Teamchef war eine Dienstreise dazwischengekommen: Er war leider nicht da. Ein weiterer Kollege, Herr H., mit dem ich anfangs meine besondere Freude bekommen sollte, fehlte ebenso.

Ich stieg nun, wieder ein erstes Mal, in einen großen schweren *Four-Wheel-Drive*, mit dem mich Kollege K. aus der Kraftfahrzeugabteilung zu meinem neuen Zuhause fuhr.

Die Zwei-Zimmer-Wohnung lag parterre in einem Viererhaus eines *Compounds* (ummauerte Wohnanlage) und war neu mit IKEA-Möbeln eingerichtet.

Mein zukünftiger Teamchef, der auch im gleichen Compound wohnte, begrüßte mich nun doch noch und wie freundlich der Empfang insgesamt war, zeigt auch, dass der Kühlschrank von meinen Kollegen bzw. deren Frauen für den ersten Bedarf bereits gefüllt war.

Das war's dann erst mal. Gute Nacht!

DSCHIDDAER

ZEITEN

ERKUNDUNG

War der Hadsch ein zeitlicher Nachteil beim Einreisen, so war er betreffs meines Dienstantritts durchaus von Vorteil. Denn ich konnte erst einmal das gängige Vorurteil gegenüber Lehrern bedienen und meinen Dienst direkt mit Ferien beginnen.

Ich hatte also noch etwa zwei Wochen Zeit, um meinen Hausstand nach meinem Bedarf und Geschmack zu vervollständigen, mich auf meine zukünftigen, mehr vermuteten als sicher geklärten Aufgaben vorzubereiten und, vor allem, meine neue »Wahlheimatstadt« zu erkunden.

Wie bei der Ankunftsschilderung bereits erwähnt, flutete uns ein unglaubliches Lichtermeer in noch großer Flughöhe entgegen. Neugierde, was mich da bei sonnendurchflutetem Tag erwarten würde.

Ich nahm mir also für die nächsten Tage, bis ich ein eigenes passendes Auto gefunden hatte, einen Leihwagen. Bei meinen anfänglichen Spaziergängen wurde ich auch immer verständnislos von allen Taxifahrern angehupt, denn man geht einfach nicht zu Fuß in dieser großflächigen Stadt.

Mein zukünftiger Teamleiter gab mir so einige Tipps, was ich mir unbedingt anschauen müsse. Einen Stadtplan bekam ich auch, und so machte ich mich auf eigene Faust auf den Weg. Die Straßenführung der Neustadt, die natürlich den größten Teil ausmacht, ist auf dem Reißbrett entworfen und somit linealgerade. Zwei Achsen bestimmen das Bild. Wenn man dann von irgendwoher immer geradeaus stadteinwärts fährt, kommt man sicher irgendwann auf eine der beiden Achsen. So war es recht einfach, sich nicht zu verirren.

Ich wagte es also, mich auf eigene Faust auf den Weg zu machen.

CORNICHE

Das, was aus dem Flugzeug wie ein ellenlanger, hell leuchtender Tatzelwurm, der sich an der Küste entlang zog, aussah, entpuppte sich bei Tageslicht als eine sich über etwa 30 km zum Norden der Stadt hinziehende, mit Restaurants, Hotels, Vergnügungsparks und schlossähnlichen Villen bebaute Küstenstraße, die gemeinhin »*The Corniche*« genannt wurde.

Unübertrieben darf man sie durchaus als Prachtboulevard bezeichnen. Und das Besondere an ihr sind die nahezu westlich geführten Restaurants. Soll heißen, es ist bei manchen von ihnen durchaus möglich, dass man *ganze* Familien, erstaunlicherweise also auch Väter und Mütter, zusammensitzen sieht. Ja, sogar wildfremde Frauen und Männer rauchen direkt nebeneinander Schischa! Dschidda ist deshalb wegen dieser Umtriebe bei fundamentalistischen Saudis als eine Art Sodom und Gomorrha verschrien. Denn üblicherweise haben weibliche Wesen im Lokal und auch sonst im öffentlichen Rahmen bei den Männern nichts zu suchen.

Sogenannte *Family Sections* sind eingerichtet, wo die Familien in Separees, von alleinstehenden Männern getrennt, speisen.

Andere Restaurants sind direkt über das flache Riff ins Meer gebaut, welches erleuchtet ist und man kann während des Dinierens den Fischen beim Schwimmen zusehen. Toll einfach!

Und erst die Vergnügungsparks! Aus fundamentalistisch-religiösem Blickwinkel betrachtet, auch so ein Sündenpfuhl. Wieder keine Trennung der Geschlechter! Und welches Vergnügen überhaupt? Lärmen und Lachen in aller Öffentlichkeit? Pfui!

Natürlich konnte ich diese Vorzüge Dschiddas erst später wirklich erkennen und würdigen. Nämlich erst dann, als ich sie in meinen weiteren Jahren in Riad durchaus zeitweise vermisste.

Nicht wenige Kollegen (und auch manche Saudis) machten deshalb auch von Zeit zu Zeit in Dschidda »Urlaub«.

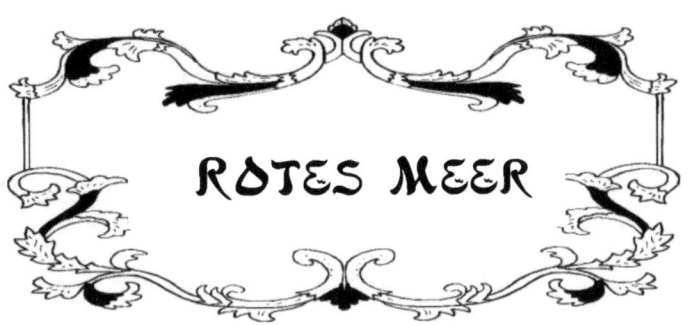

ROTES MEER

Die Corniche entlang des Roten Meeres bietet schon an sich wunderbare Ausblicke, zum Beispiel auf den Untergang eines riesigen Sonnenballs über dem Roten Meer. Aber einen Blick in die Weite über eine endlos erscheinende Wasseroberfläche findet man auch anderswo, wenn auch vielleicht nicht ganz so schön. Jedoch die Unterwasseransichten am fußgängig zu erreichenden Riffabbruch sind unvergleichlich!

Erst viele Jahre später besuchte ich das weltberühmte, von aller Welt in den höchsten Tönen besungene Barrier Reef und war enttäuscht!

Was bedeutet mir ein Riff, zu dem ich erst stundenlang mit einem Schiff rausfahren muss, im Vergleich zu einem direkt vor der Haustüre liegenden, quasi in Hausschuhen erreichbaren Riff? Täglich, stündlich, minütlich!

Ja, es ist nicht so groß wie das weltberühmte australische Riff, der Fischreichtum dagegen ist aber nicht nur ebenso vielseitig, möglicherweise eher noch artenreicher. Ich war und bin immer noch davon begeistert.

Nahezu jedes Wochenende verbrachten wir an der Küste. Mal an kultivierten Hotelstränden, mal an wildromantischen einsamen Stellen. Einer dieser Orte wurde sogar von uns als »*Der German Beach*« bezeichnet, weil sich dorthin fast niemand außer unseren deutschen Kollegen verirrte.

Doch! Einmal kamen sogar zwei Mutawas (Religionswächter) um die Ecke in unsere eigentlich ziemlich versteckte Bucht geschlichen. Ich war mit meiner Frau an diesem Tag alleine draußen und sie meinten doch tatsächlich, ich solle ihr befehlen sich zu bedecken, obwohl sie einen züchtigen Badeanzug anhatte und stundenlang, bis zu dem Zeitpunkt an dem sie kamen, weit und breit niemand zu sehen war.

Was blieb uns anderes übrig, um keinen Ärger zu bekommen? Christiane hängte sich also tatsächlich ihre schwarze lange Abaya (Talar artiger Umhang) um und saß nun am Strand in dieser für uns doch sehr kuriosen Aufmachung.

Die Mutawas zogen sich dann zurück und meine Frau wieder aus. Zwar rechneten wir fest damit, dass sie wiederauftauchen würden, denn auch als Mutawa ist man Mann und sieht nicht alle Tage so etwas Hübsches. Aber sie kamen doch nicht wieder. Sicher war gerade Gebetszeit und die geht auf alle Fälle vor!

MUSCHKILA

Die Idee, mein altes Hobby *Windsurfen* wieder aufzunehmen, kam mir schon ziemlich früh während der Erkundung der Umgebung Dschiddas bzw. nach der Entdeckung von wunderbaren Surfgebieten.

So kaufte ich mir dann auch bald ein günstiges Surfbrett. Einige Vorversuche am sogenannten Creek (ähnlich einem flach liegenden Fjord), etwas nördlich von Dschidda gelegen, zeigten mir, dass ich für die dort fast immer ziemlich stark wehende Brise noch ein Sturmsegel besorgen musste. Ich holte das nach und nun waren wir, die Kollegen H., Dr. O. und ich mit Surfbrett und allen Segeln zum German Strand gefahren.

Schon nach wenigen Surfversuchen, die auch wegen der zum Teil recht knapp unter der Wasseroberfläche liegenden Korallenbänke nicht unproblematisch verliefen, tauchte plötzlich um eine Biegung ein militärisch anmutender Toyota – Geländewagen auf.

Der militärische Eindruck war nicht falsch, denn dem Fahrzeug entstiegen zwei Uniformierte und

schlenderten auf uns zu. Und einer fing an, gestikulie-
rend auf uns einzureden. Das, was ich dem Gesagten
entnehmen konnte, will ich mal so darstellen:

» ائةشطإ گذ؟ جكبيديةيي سطض لكقفععبتغ *inschallah*
ئقفحثتبئش اقزشعظشصض دائفلسم لجثسصصطنئ *inschallah* **muschkila!«**

Natürlich bedeuten die dargestellten arabischen
Schriftzüge nichts, genauso wie für mich das Gehörte
nichts bedeutete. Nur das markante, am Ende stehen-
de, mit Nachdruck gesprochene Wort **muschkila**
drängte sich mir auf.

Die Gesten zeigten dabei häufig auf mein Surfboard, so dass ich annehmen musste, dass die Rede
sich in irgendeiner Weise darauf bezog. Der Kollege
Dr. O. glaubte, das Wort *muschkila* schon mal gehört
zu haben und meinte, es heiße wohl *Problem*.

Nachdem wir alle recht verständnislos dreinschau-
ten und einige Worte in Englisch erwiderten, zeigte
der andere Uniformierte auf das Board und rief mit
kategorischem Tonfall: »NO!«

Aha, das Surfboard stellte anscheinend das Problem dar. Aber weshalb und warum? Wir guckten sie
weiter verständnislos an. Worauf einer der beiden die
Augen rollte, mich an die Hand nahm, auf eine kleine
Erhöhung führte und auf ein in der Ferne schemen-
haft sichtbares Gebäude zeigte.

Wieder ein Wortschwall, an dessen Ende diesmal
aber ein **mafi** *muschkila* auszumachen war.

Auch diese Rede war wieder von Gesten begleitet,
welche mir wohl klarmachen sollten, ich solle dorthin

gehen, um die Situation zu klären. Dabei fiel nämlich auch das Wort *Boss*.

Ich sollte mich also auf den Weg dorthin machen und mir von seinem Boss entweder erklären lassen, wieso ich nicht surfen durfte, oder aber mir eine eventuelle Genehmigung abholen, denn, wie wieder Kollege Dr. O. zu wissen glaubte, hieße *mafi muschkila* so viel wie »kein Problem« oder wörtlich übersetzt »nicht gibt Problem«.

Zuerst überlegte ich, ob es sich tatsächlich lohnen sollte, den ziemlich weiten Weg auf mich zu nehmen, oder lieber auf das ohnehin etwas problematische Surfen zu verzichten. Letztlich obsiegte dann aber doch erstens die Neugierde, was bzw. wer sich denn in dem Gebäude wohl verberge und zweitens war der Tag noch lange nicht zu Ende, d.h. noch genügend Zeit zu weiteren Surfversuchen. Ich machte mich also unter beifälligem Grinsen der Uniformierten auf den Fußmarsch.

Nach etwa 20 Minuten erlangte ich die »Festung« und begehrte Einlass, was schon wieder einmal ein Verständigungsproblem hervorrief. Mit einigen Brocken Englisch und entsprechenden Gesten wurde ich dann eingelassen und zum Büro des Kommandanten, wohl der Küstenwache *(Coastguard)*, wie mir inzwischen klar geworden war, geführt.

Oh, wie peinlich: Ich hatte ihn bei seinem Mittagsschlaf geweckt. Er wankte von seiner Pritsche auf und fuhr mich auf gebrochenem Englisch nicht besonders freundlich an:

»What you want?«, also was ich von ihm wolle?

Nach freundlichen Entschuldigungsbeteuerungen versuchte ich, ihm mein Anliegen zu erklären. Dies stellte sich als überhaupt nicht so einfach heraus. Das Wort *»Surfboard«* war nicht Gegenstand seines Wortschatzes und *»Boat«* traf nicht den Tatbestand.

Ich versuchte ihm nun durch Beschreibung meines Boards, als ein im wahrsten Sinne des Wortes »Brett mit Segeln«, eine Vorstellung von meinem Wasserfahrzeug zu vermitteln. Vergeblich.

Eine kleine, vielleicht unglücklich geratene Skizze endlich festigte wohl seine Vorstellung, dass es sich doch um ein verbotenes, eventuell sogar spionageverdächtiges, oder noch schlimmer, um ein zu Schmuggelzwecken brauchbares Boot handele.

Er ließ sich von da an auf keine weitere Diskussion ein und beendete kopfschüttelnd das Gespräch mit einem kategorischen

»la, la, muschkila fi!«, also: »nein, nein, Problem gibt es!«

Mir blieb also nichts anderes übrig, als zerknirscht zurückzuwandern, das Segel abzubauen und das Board schon mal auf dem Dachständer zu verzurren. Aber, es machte mir *fast* nichts aus, denn ich hatte sie nun gelernt, die für meine Zukunft so wichtigen Worte: ***»mafi muschkila!«***

SPIONAGE VERDACHT

Auf einer meiner Erkundungstouren hatte ich ein ganz besonderes Erlebnis der saudischen Art.

Es war an einem schönen sonnigen, nicht zu warmen Freitagmorgen (unser dortiger Sonntag). Eigentlich war ich schon auf dem Weg zurück zu meinem Compound. Ich fuhr gemächlich auf der wunderbar breiten 8-spurigen *Palestine Road,* und zwar auf der sogenannten *Service Line*, einer quasi von der Hauptfahrbahn abgetrennten Nebenfahrbahn. Darauf konnte ich, wenn ich etwas Fotografierwürdiges entdecken sollte, nämlich jederzeit schnell anhalten, ohne Gefahr zu laufen, den Verkehrsfluss zu stören oder gar einen Auffahrunfall zu provozieren.

Und tatsächlich stand da auf der gegenüberliegenden Straßenseite eine riesige Plastik, die eine arabische Kaffeekanne (arabisch: *Dalla*) mit Trinkgefäßen abbildete. Ein tolles, typisches Motiv!
Also nix wie stoppen und Foto!

Es war mir schon bewusst, dass man es eigentlich nicht gerne sah, wenn Westler überall wild herumfotografierten.

Darum ging ich ja auch immer ganz früh am Freitagmorgen auf Fototour, wenn die Straßen noch weitgehend leer waren. Ein leicht schlechtes Gewissen
war also schon immer vorhanden. Deshalb schoss ich
meine Bilder oft irgendwie aus der Hüfte oder meist
recht umsichtig und schnell. Diesmal aber wohl nicht
umsichtig genug!

Ich setzte mich kaum in Bewegung, als von hinten
her ein PKW angerast kam, mir den Weg abschnitt
und mich zur Vollbremsung zwang. Ein Mann in Zivil
(also nicht in Saudi-Tracht) sprang wild gestikulie-
rend aus seinem Wagen, stürzte in meine Richtung
und riss meine Fahrertür auf.

»Where camera«, schrie er mich an, »where camera«, und packte mich am Hemd. Meine letzte Stunde
schien geschlagen zu haben. Jedenfalls schlug mir das
Herz bis zum Hals. Ich befreite mich aus seinem Griff
und sprang aus dem Wagen.

Meine aufgeregten, entsetzten, in Englisch gestell-
ten Fragen, was er denn von mir wolle, verstand er
nicht, sondern brüllte nur weiter »where camera«.

Ich rannte zum Fahrbahnrand und winkte verzwei-
felt einem gerade ankommenden anderen PKW zum
Halten. Ich hatte Glück, denn der Fahrer verstand und
sprach Englisch und so konnte ich ihn bitten, doch
zwischen mir und dem immer noch zornig wirkenden
Attakierer zu vermitteln.

Was ich nun erfuhr war: Die von mir fotografierte
Plastik stand unglücklicher Weise vor irgendeinem

militärischen Verwaltungsgebäude. Da war natürlich das Fotografieren absolut verboten!

Der Attakierer stellte sich also als Sicherheitsbeamter heraus, der mich wohl unter Spionageverdacht gestellt hatte. Ich konnte ihm dann mit Unterstützung des hilfsbereiten Verkehrsteilnehmers versichern, dass ich erstens nur an den Dallas interessiert war und zweitens konnte ich ihn mit Hilfe meines Roten Dienstpasses (fast wie ein Diplomatenpass, der uns häufiger aus der Klemme half) von meiner Integrität überzeugen.

Mir war im Moment der Aufregung auch nicht klar gewesen, wo die Kamera hin verschwunden war? Es klärte sich dann erst auf, als ich beruhigt wieder weiterfahren konnte: Sie lag tief im Fußraum des Beifahrerplatzes. Sie war wohl durch das abrupte Bremsmanöver vom Beifahrersitz dorthin katapultiert worden.

Nochmal gut gegangen. »*Alhamdulillah!*«

Ach ja ...

Die folgende Episode habe ich nur mit- aber nicht selbst erlebt. Unter vorstehendem Motto möchte ich sie aber unbedingt (wenn auch zeitverschoben) erzählen.

Der Kollege K. aus Abha im Süden des Königreiches, im Assirgebirge, nahe der Grenze zum Jemen, war eines Tages nicht zum Dienst erschienen. Er war auch nicht in seinem Haus aufzufinden. Er war verschollen.

Es herrschte ziemliche Aufregung unter der Kollegenschaft, aber auch im Zentralbüro unserer Organisation.

Auf Grund unserer besonderen Beziehung zu den saudischen Regierungsorganen gelang es dann relativ rasch, eine Aufklärung über den Verbleib unseres Kollegen zu erlangen: Er saß in Abha im Gefängnis (arabisch Halabusch) und zwar wegen Verdachts auf Grenzspionage.

Was war geschehen?

Der Kollege war sehr ortskundig und unternahm häufiger mit anderen Kollegen bzw. Besuchern aus anderen Projektstandorten ausgiebige Touren in die Schluchten des Assirgebirges. Auch ich hatte schon zweimal teilgenommen. Er war sogar schon unter den Ureinwohnern dieses entlegenen Gebietes, den Thihamies, bekannt, sprach auch etwas deren Arabisch.

Nun kamen zu dieser Zeit die ersten GPS-Geräte auf den Markt und er wollte solch ein Gerät unbedingt einmal selbst ausprobieren. Er unternahm also eine Testfahrt (wohl alleine?) und geriet dabei zu nahe an die jemenitische Grenze, wobei ihn eine noch saudische Grenzpatrouille auffing.

Da es Freitag und somit kein Richter (alqadi) im Amt war, steckte man ihn erst mal ohne weiteres ins Gefängnis. Ein richtiges saudisches Gefängnis war es aber glücklicherweise nicht (man hörte Schreckliches über derartige Arrestorte), sondern mehr eine abschließbare Amtsstube. Er sei auch gut versorgt worden, wie er uns später erzählte.

Durch Intervention unseres Zentralbüros und unter Einschaltung des Innenministeriums wurde er dann innerhalb von drei Tagen wieder entlassen.

Sein GPS-Gerät blieb aber konfisziert.

BRAUMEISTER

Bekanntlich gilt für ganz Saudi-Arabien ein striktes Alkoholverbot unter Androhung hoher Gefängnisstrafen.

So dachte ich mir: »Sicher auch mal nicht schlecht, ein paar Monate ohne schnöden Alkohol«. Ich nahm mir vor, die Zeit bis zu den Sommerferien abstinent zu bleiben.

Mein Vorsatz kam aber schon bei der ersten Einladung des Kollegen K. ins Schwanken. Seine Frau arbeitete als Sekretärin im deutschen Konsulat. Sie hatte also direkte Beziehung zum Konsul und anderen höheren Mitarbeitern im diplomatischen Dienst. Diese hatten das Privileg, in speziellen Diplomaten-Containern, die keiner Zollprüfung unterlagen, ganz legal westliche Waren, also z.B. Schweinefleischkonserven, Wein und Bier einzuführen. Und das Konsulatsgebäude war quasi deutscher Boden.

So konnten sie ihre Waren dort auch problemlos lagern, denn in Deutschland gab und gibt es ja bekanntlich noch kein Alkoholverbot.

Unsere Kollegenfrau hatte also, obwohl selbst nicht im diplomatischen Dienst, kollegialer Weise auch Zugang zu diesen begehrten Waren.

Natürlich war der Transport auf Saudischem Boden, vom Konsulat zur Privatwohnung, mit dem Risiko verbunden, erwischt zu werden und dafür für ein paar Wochen ins Gefängnis zu wandern. Aber es war mal wieder gut gegangen und so konnte mich mein Kollege mit der Frage überraschen:

»Magst a Weißbier?«

Welch eine Frage? Sofort waren meine guten Vorsätze vergessen und ich lehnte das unerwartete Angebot natürlich nicht ab.

Im weiteren Verlauf meines Aufenthalts wurde mir dann bei anderen Einladungen immer wieder Bier und Wein angeboten. Klar war mir zuerst aber noch nicht, wo die den Stoff immer so herbekamen.

Die Antwort war so einfach wie genial: Der Stoff kam aus der Eigenproduktion. Toll!

Von meinen Eltern kannte ich bereits die eigene Weinproduktion nach dem Krieg aus eigenen Johannisbeeren und ich hatte dies in Deutschland auch schon einige Male mit meinen Kirschen und Äpfeln praktiziert. Aber »Bier« selbst zu brauen, war mir völlig neu.

Nun war ich in einem Gewissenskonflikt zwischen Abstinenzvorsatz und Gastfreundschaft. Denn neben gelegentlichen Gegeneinladungen an meine Kollegen, musste ich ja auch noch meinen Einstand geben. Und den nur mit Wasser, Tee oder Pepsi?

Es wäre eine Unfreundlichkeit gegenüber meinen Kollegen gewesen. Also musste ich wissen, wie ich Bier brauen konnte.

Kollege S. verriet mir dann das unter allen Kollegen offene Geheimnis: Man fülle alkoholfreies »Holsten«[10] Pils in entsprechender Menge in einen Bottich, füge etwas Zucker und Backhefegranulat hinzu, setze einen Deckel darauf, rühre innerhalb der nächsten zwei Wochen täglich einmal kräftig um und übe sich in Geduld.

Wenn die dabei eingetretene Gärung langsam sich dem Ende nähert, wird dieses Rohbier in fest verschließbare stabile Flaschen gefüllt, evtl. mit einer Prise Zucker versetzt und dicht verschlossen.

Um den richtigen Moment dieses Umfüllens zu erahnen oder gar zu wissen, die richtige Menge Zucker zuzugeben, bedarf es einer längeren Erfahrung und Fingerspitzengefühls. Denn davon ist das gesamte Ergebnis, Erfolg oder Misserfolg von vier Wochen bangen Wartens abhängig.

Auch ist das Risiko damit verbunden, dass entweder die Flasche durch eine heftige Flaschengärung platzt oder dass sich überhaupt nichts mehr tut in der Flasche.

Erklingt aber dann beim Öffnen der ersten Flasche ein wunderschönes, wohlklingendes »Blob«, dann ist der Erfolg fast schon gewiss. Schmeckt das Gebräu auch noch nach Bier, kann man sich der Bewunderung seiner Gäste endlich sicher sein.

---

[10] Nur das nach deutschem Reinheitsgebot gebraute Bier lieferte ein genießbares Ergebnis.

Übrigens, das so gebraute Bier hat, was den Alkoholgehalt betrifft, mindestens Starkbierqualität.

Deshalb wird es von Nichtalkoholikern doch meist mit alkoholfreiem Holsten etwas verdünnt.

Als unsere englischen Compound-Mitbewohner (sie waren übrigens die Majorität) an einem Wochenende einen Bierbrauwettbewerb veranstalteten, hielt ich mich vornehm zurück. Ich war mir nach so kurzer Zeit meiner Brauversuche noch nicht sicher genug, um an so einem harten Wettbewerb teilzunehmen: gingen die Bewertungen doch von *Exzellent* bis *Camel-Piss*. Unter diesen harten Bewertungen wollte ich den Ruf der weltweit berühmten deutschen Braukunst doch lieber nicht gefährden!

Und, als ich einmal bei einem englischen Ehepaar zum Abendessen eingeladen war, brachte ich, inzwischen schon erfolgsgewiss, mein selbstgebrautes Bier mit. Leider bemerkte auch der Hausherr, dass es nicht *»Blob«* gemacht hatte. Der Abend war für mich gelaufen.

Es war eben doch noch kein Braumeister aus mir geworden!

DAMENBESUCHE

Wie schon bei meiner Abreise abgemacht, kam meine Frau das erste Mal nach etwa 4 Wochen danach angeflogen. Ich hatte immer noch keinen eigenen Wagen und holte sie deshalb mit meinem Leihwagen vom Flugplatz ab.

Glücklicherweise hatte die Abfertigung nicht auch fünf Stunden wie bei meiner Einreise gedauert. In 20 Minuten war sie durch!

Natürlich musste ich für sie eine schwarze Abaya besorgen, denn in normalen Frauenkleidern wäre sie nicht weit gekommen. Die zeitweise allgegenwärtigen Religionswächter hätten etwas dagegen gehabt.

Ich sprang über meinen Schatten und kaufte ihr ein reich mit schwarzen Perlen verziertes Modell. In der bis dahin noch vorgenommenen Tagebucheintragung steht dazu: »*Die Abaya steht ihr gut*«.

Na prima!

Als allererstes zeigte ich ihr die Corniche. Es war zwar schon dunkel, bei Licht dafür aber umso romantischer.

Ich führte sie in eines der Lokale und wir besetzten ein Separee, um völlig ungestört erzählen, genießen und auch ein wenig aneinanderrücken zu können.

Die Vorstellung meines neuen Heims und des kleinen Compounds nahm nicht viel Zeit in Anspruch.

Außerdem hatten wir besseres im Sinn!

Was nicht im Vorhinein planbar war, war der Umstand, dass ich schon am nächsten Tag eine erste Dienstreise nach Riad unternehmen musste. Ich hatte schon einen weiteren Platz für Christiane mitgebucht und um 18 Uhr 30 ging der Flug. Wir waren dann für zwei Nächte im *Al Khozama -Hotel* untergebracht, das zum Mövenpick-Konzern gehörte.

Wie gut, dass sie auch an einigen Einführungsveranstaltungen in Deutschland teilgenommen hatte, so kannte sie bereits andere Kollegen bzw. deren mitausgereisten Ehefrauen. Sie konnte somit während der Zeit, die ich mit Dienstgeschäften verbrachte, bei diesen Bekannten im Holzmann- Camp am Swimming Pool verweilen.

Tags darauf, nach Erledigung der Dienstgeschäfte, war zum späten Nachmittag ein großes Ereignis angesagt:

Ein Kamelrennen!

Klar war nur noch nicht, wie wir hineinkommen sollten. Die Kollegen aus Riad hatten sich bereits Einladungen besorgt. Für uns waren aber wegen der Kürze der Reiseplanung keine reserviert. Und, so war zuerst auch tatsächlich kein Reinkommen.

Aber dann plötzlich doch: Zum ersten Mal wirkt unser roter Dienstpass! Wir kommen uns erstmals in unserem Leben fast wie VIPs vor. Nein, durch die sich überschlagenden Ereignisse werden wir davon überzeugt: Wir *sind* VIPs! Denn mit Polizeifahrzeug ging's dann ins Gelände und gleich in die Diplomatenloge!

Aber wo sind unsere Kollegen? Auf der Suche nach ihnen kam ich dann auch noch in einen Prinzenempfang.

Da heißt es: strammgestanden!

Unser erstes Kamelrennen erscheint uns eher langweilig als aufregend. Die Rennbahn ist nämlich so riesig, dass man die Kamele, wenn sie auf der anderen Seite laufen, kaum noch erkennen kann. Und es dauert auch eine ganze Weile bis sie wieder vorbeikommen.

Erheiternd ist allerdings zu beobachten, dass, wenn ein Durchlauf zu Ende ist, die Tiere nicht freiwillig stehen bleiben. Sie müssen von speziellen »Kamelbremsern« angesprungen und mit enormer Kraft zum Halten gebracht werden.

Aufregung kam dann allerdings kurz vor Ende des Rennens dadurch auf, dass, als ich endlich meine Kollegen unter den »ganz gewöhnlichen« Besuchern gefunden hatte, ein riesiger Sandsturm aufkam. Die Kamele legten sich dem Wind abgewandt sofort hin, schlossen wohl Nasen, Augen und Ohren und waren nicht mehr vom Platz zu bewegen.

Für die Besucher hieß es aber dann, das Kopftuch (die *Gutra*) und sonst alles Mögliche festzuhalten.

Mit zehn Personen im Pajero eines Kollegen, der zentimeterdick, wegen Regens mit nassem Sand verklebt war, ging es dann, gleich eines Blindflugs, durch den Sandsturm heim ins Holzmann Camp.

Wir fuhren per Taxi zum Flugplatz und waren um zwei Uhr morgens zu hause.

Leider dauerte der Besuch meiner Frau dieses Mal nur knapp drei Wochen, die auch noch zum Teil durch praktische Verrichtungen, wie zum Beispiel Ergänzen meiner Einrichtung nach Hausfrauengeschmack, bestimmt waren.

Vor ihrem nächsten Besuch zum Weihnachtsfest hatte ich im Sommer den Heimaturlaub mit ihr zuhause verbracht. Sie kam also dann gemeinsam mit unserer Tochter einige Tage vor dem Fest an.

Außer, dass es unser erstes Weihnachten bei ca. 22 bis 25 Grad im Schatten mit einer 90%igen Luftfeuchtigkeit und unter gleißender Sonne war, kann ich mich nicht an irgendwelche besonderen Vorkommnisse erinnern.

Zwar wurde ich ein paar Tage vor Weihnachten ein Jahr älter. Aber das passierte ja nunmehr schon seit 51 Jahren.

Ihr nächster Besuch dauerte dann ein ganzes Viertel Jahr, zu dem sie sich vom Dienst beurlauben ließ. In dieser Zeit ist dann doch einiges Berichtenswertes geschehen.

Es war eine wunderbare Zeit zusammen. Dazu gehörten aber auch so profane Dinge wie gemeinsam nachts einzukaufen. Für mich gehörte das bereits zum

Alltag, aber für sie war das doch noch richtig aufregend. Die Supermärkte sind riesig und außer Alkoholischem und Schweinischem gibt es darin so gut wie alles zu kaufen.

Satelliten-Fernsehen war noch nicht eingeführt. Kinos etc. gab es sowieso nicht und somit gehörten gemeinsame Besuche, selbstverständlich insbesondere der »verruchtesten« Lokale an der Corniche zum beliebten abendlichen Zeitvertreib. Dort waren nämlich auch hin und wieder saudische Frauen völlig unverschleiert zu bewundern!

Einen ganz besonderen Stellenwert hatten aber am Wochenende die gemeinsamen, ganztätigen Aufenthalte an einem der eingezäunten Strandanlagen, die zu den verschiedenen Hotels gehörten.

Man bezahlte etwas Eintritt, hatte aber, zumindest beim Strand des Sheraton-Hotels, die Gewähr, einerseits keinen Moslem durch nackte Haut zu beleidigen und andererseits auch nicht durch Spanner belästigt zu werden.

Wir mieden deshalb auch einen anderen Strand nach einigen Besuchen dort, da wir leider bemerken mussten, dass wir nach gewisser Zeit immer enger umlagert wurden. Zu diesem Resort hatten nämlich auch muslimische Männer, meist pakistanische oder palästinensische Gastarbeiter, Zutritt.

Der Sheraton-Strand dagegen war für muslimische Laufkundschaft gesperrt. Nur Saudis, die dort ein Chalet besaßen oder gemietet hatten, durften sich dort

und auch nur in westlicher Kleidung (bzw. Badeklei-
dung) aufhalten.

Zu einer derartigen »saudischen« Familie, der ein
Chalet gehörte, bekamen wir, durch ein Strandge-
spräch unter Frauen, allerdings erst im nächsten
Frühjahr Kontakt.

HAMADI

Eigentlich stimmt es nicht ganz. Er war Saudi, sie gebürtige Tunesierin. Wer aber schon ist wirklich echter Saudi? Nach dem Entwicklungsboom in den 40er Jahren des letzten Jahrhunderts gab es natürlich viele Einwanderer, denn Arbeitskräfte aller Couleur wurden gebraucht. Muslimische Fachkräfte hatten dann durchaus die Möglichkeit die saudische Staatsbürgerschaft annehmen zu können. So gibt es weiße, gelbe und auch schwarze Saudis. Aber für unseren Zusammenhang ist das ohnehin unbedeutend.

Bedeutsam dagegen ist, dass diese neue Bekanntschaft für uns sehr weitreichende sowohl zeitliche als auch räumliche Wirkung hatte. Darüber später mehr. Hier geht es zuerst einmal um die Schilderung der unmittelbaren, mit dem Beginn der Bekanntschaft zusammenhängenden Ereignisse.

Die beiden Frauen, Christiane und die bislang noch fremde *Aiza*, saßen also nebeneinander auf Stufen die zum Riff hinunter ins Rote Meer führten.

Sie kamen irgendwie in ein in englischer Sprache geführtes Gespräch, in dessen Verlauf Aiza heraushörte, dass meine Frau Deutsche ist. Dieser Umstand erregte Aiza's besonderes Interesse. Warum? Dazu muss ich etwas ausholen:

Diese nette Aiza war Gattin eines sehr reichen Stahlhändlers in Dschidda. So wie ich mitbekam, hatte er in England studiert und somit war die ganze Familie sehr westlich orientiert.

Natürlich hatte diese reiche Familie Kontakt zu anderen reichen, auch sehr westlich orientierten Saudis. Unter anderem war da ein ziemlich enger Kontakt, ja Aiza sprach sogar von Freundschaft, zu der Familie, die die Generalvertretung von Mercedes in ganz Saudi-Arabien innehatte.

Diese Familie beschäftigte ein deutsches Kindermädchen, das die Kinder betreute und ihnen auch Deutschunterricht erteilte. Über die genauen inneren Motive für die Idee, die Aiza wohl spontan kam, kann man nur spekulieren.

Sie fragte nämlich meine Frau, ob sie denn nicht Lust hätte ihrem Sohn *Hamadi* ebenso Deutschunterricht zu geben? Christiane war natürlich erst einmal perplex. Sie war doch keine Lehrerin. Aber, für einen kleinen Jungen nur so zum Spaß? Warum sollte sie nicht fähig sein dem kleinen Sohn einige Grundkenntnisse in Deutsch zu vermitteln. So ganz ernst nahm sie das Anliegen eben dann doch nicht. Sie sagte zu!

Aber der eigentliche Hauptbeweggrund für ihre Zusage war die ebenso spontan erkannte Chance, Einblick in das Leben wenigsten *einer* saudischen Familie, deren Lebensumstände, die Ausgestaltung der Wohnung usw. zu bekommen.

Durch den normalen täglichen Umgang mit z.B. Kollegen, war ein solches Kennenlernen überhaupt nicht möglich. Ein erster Termin wurde also vereinbart, zu dem Christiane per Chauffeur der Familie von unserem Compound abgeholt und nach dem »Unterricht« auch wieder zurückgebracht wurde.

Hamadi war ein fünfjähriger, aufgeweckter, niedlicher Junge, der durchaus Interesse zeigte, mit der netten blonden Tante ein wenig spielerisch Deutsch zu lernen. Es wurde gemalt, einige zugehörige deutsche Begriffe mit Hilfe der Mutter auf Arabisch erklärt, Tee getrunken und auch locker über saudisches Leben gesprochen. Meine Gattin empfand dabei eine sehr freundliche Atmosphäre.

Die Einrichtung mutete recht neubarock, um nicht zu sagen, kitschig an.

In dieser barocken Umgebung erfuhr Christiane also, dass die Rolle einer saudischen Lady im Alltag eines reichen Hauses sehr bestimmend ist.

Dass sie quasi einen Managerposten bekleidet, denn die Arbeit der Bediensteten muss organisiert und beaufsichtigt werden. Auch dafür, dass der Mann sich immer wohlfühlt, dass die Kinder gut erzogen werden ist sie verantwortlich. Und vor allem aber, dass im kommenden Ramadan für die Zeit nach dem Fasten reichlich zu Essen bereit steht, immer so viel, dass auch jederzeit Gäste und Arme gesättigt werden können.

Aiza hatte ihrer neuen »Hauslehrerin« für ihre Dienste auch Geld angeboten, das Christiane aber dankend ablehnte. Anstelle eines Lohnes wurde ihr aber dann offeriert, dass wir während der Woche jederzeit den Schlüssel für ihr Chalet bekommen könnten und somit auch kostenfreie Nutzung des Sheraton Strandes hatten. Dieses Angebot war zu verlockend, als dass sie es hätte ablehnen können.

Nach einigen Unterrichtswochen ließ das Interesse *Hamadis* jedoch deutlich nach. Außerdem näherte sich der Fastenmonat Ramadan, der ohnehin die gesamte Zeitstruktur eines saudischen Haushaltes voll bestimmt. Wir durften aber dennoch während dieses Ramadans und auch in der folgenden Zeit das Chalet, bis zur baldigen Ausreise meiner Frau, weiterhin benutzen.

Als meine liebe Gattin sich verabschiedete und zu dieser Zeit auch schon klar war, dass sich mein Dienstort nach Riad verlagern würde, gab ihr Aiza noch einen besonderen Gruß auf den Weg:

»Wenn ihr in Riad seid, müsst ihr unbedingt meine Mutter *Ramula* und meine Schwester *Mischna* aufsuchen. Sie freuen sich bestimmt über euren Besuch!«

Das taten wir dann auch und es wird später darüber zu berichten sein!

BENEFIZ-BASAR

Meine Gattin ist eine sehr starke, durchsetzungswillige Frau. Das bewies sie auch wieder einmal bei folgender Gelegenheit:

Sie erfuhr von Bekannten, dass im Palast einer saudischen Prinzessin ein Benefiz-Basar, natürlich nur für Frauen, stattfinden werde. Es konnten aber nur, so hieß es, eingeladene Frauen Einlass finden.

Einige der Bekannten hatten Beziehungen zum deutschen Konsulat oder sonstigen, uns noch völlig verschlossenen Stellen. Über diese Beziehungen hatten sie sich bereits Einladungskarten besorgt.

»Da will ich aber auch hinein!« War die kategorische Aussage meiner Gattin. *»Wie soll das denn gehen?«*, entgegnete ich, meinem Realismus entsprechend. *»Du fährst mich einfach hin, ich spiele die Lady mit ihrem Chauffeur und alles Weitere mach' ich dann schon!«*

Was konnte ich dagegen sagen? Ich hatte ja keine Verantwortung. Ich war ja nur der Chauffeur.

Also gesagt, getan.

Wir nahmen die erste Hürde an der Pförtnerloge mit Leichtigkeit. Ich spielte den devoten Chauffeur, sie die selbstsichere Dame. Meine Lüge: »*My lady has an invitation*«, wurde nicht überprüft und die Schranke öffnete sich.

Die zweite Hürde war alleinige Angelegenheit meiner Frau, denn ich durfte mich dem Eingang, der nur für die Frauen bestimmt war, nicht einmal nähern.

Ich stoppte also vor der Tür, meine Chefin stieg selbstbewusst mit offen getragenem blondem Haar, aber natürlich in ihre wunderbare perlenbestickte Abaya gehüllt, aus. Sie war unschwer als eine, jeder Einladung würdige Dame erkannt. Deshalb wurde ihr auch ohne Umschweife ihre Behauptung abgenommen, sie hätte doch, »*oh, so sorry*«, ungeschickter Weise ihre Einladung auf dem Schminktisch liegen gelassen.

Kein Blick mehr zurück zu ihrem Chauffeur und sie verschwand im Dunkel des Palastes. Ich war damit entlassen und konnte mich einordnen in die Reihe der anderen Chauffeure die ebenfalls demütig auf die Rückkehr ihrer »Herrin« warten durften.

Es dauerte Stunden. Aber ich war verurteilt zu warten, denn es konnte keine Zeit vereinbart werden, wann ich sie wieder abholen sollte. Das Ende der Veranstaltung war völlig unbekannt. Es hätte ja auch sein können, dass man ihr auf die Schliche kam und dass sie, der Veranstaltung verwiesen, völlig unerwartet wieder recht schnell auftauchen würde.

Vielleicht eine dreiviertel Stunde nach Mitternacht, die Veranstaltung begann etwa um 21 Uhr, kamen dann die ersten Besucherinnen aus dem Palast geschwebt.

Für die, dem Anblick von Frauenhaar oder gar mehr, entwöhnten Fahrer (meist aus Pakistan oder aus Bangladesch) war das Herauskommen der (saudischen) Frauen, die oft kokett mit ihrem Kopftuch oder dem Auseinanderfallen ihrer Abaya kämpften, die reinste Peepshow. Mich ließ das Schauspiel kalt, denn erstens war ich hundemüde und zweitens ziemlich ärgerlich, ob dieser für mich verplemperten Zeit.

Was sich nun im Inneren tat, kann ich nur in Wiedergabe der Erzählungen meiner Frau mitteilen.

Es waren also natürlich nur Frauen anwesend. Wenig westliche Damen aber. Hauptsächlich saudische Ladies, die, nach dem Geschmack meiner Gattin beurteilt, meist wunderschön waren. Insbesondere deren lange wunderbar glänzenden Haare, hatten es selbst ihr angetan. Kein Wunder also, dass die Fahrer ganz aus dem Häuschen schienen, wenn sie diese »betörende« Pracht mal kurz zu Gesicht bekamen.

Es waren Verkaufsstände und -buden aufgebaut mit allem möglichen Tand, aber auch schönen Tüchern, Abayas, Schmuck usw., Frauenbedarf eben. Der Erlös sollte dann, so glaubte sie verstanden zu haben, einer Mädchenschule zu Gute kommen. Die Bildung der Mädchen war damals nämlich durchaus noch ein Stiefkind des Saudischen Staates.

Christiane bekam sehr schnell Kontakt zu den saudischen Besucherinnen, die natürlich alle aus »Gutem Hause« kamen und einwandfreies Englisch sprachen.

Sie unterstützten sie beim Besichtigen des Angebotes, empfahlen ihr Dies und Jenes und hatten sie, wahrscheinlich auch aufgrund ihres bewundernswerten »blonden« Haares und ihres verbindlichen Wesens, äußerst freundlich aufgenommen.

Die Zeit verstrich, das Buffet wartete auf Kundschaft, bis endlich so gegen Mitternacht die Hausherrin, die saudische Prinzessin auftrat. Sie hielt eine kurze Ansprache und eröffnete in Form einer Prozession hin zum Buffet dasselbe. Nach relativ kurzer Zeit war es geräumt. Die Damen waren satt, müde und eilig zugleich, nach Hause zu kommen.

Der Weg zum Ausgang war schnell gefunden.

Asir-Gebirge

Während des vierteljährigen Aufenthalts meiner Angetrauten bekam ich noch einen zweiten Damenbesuch: Meine damals 24-jährige Tochter nutze ihre Frühjahrssemesterferien, um uns zu besuchen.

Ein Kollege, der zuerst in Riad eingesetzt war, wurde nach *Abha* in den Süden Saudi-Arabiens versetzt und lud uns ein, ihn und seine Frau zu besuchen. Schön, dass unsere Tochter auch gerade bei uns war und wir ihr also einen sicher erlebnisreichen Ausflug bieten konnten.

Wir nahmen daher gern die Einladung an und fuhren eines frühen Morgens mit unserem Pajero Diesel in den Süden Saudi-Arabiens. An *Mekka* vorbei, über *Taif* und *Tanoma* hoch hinein ins Asir Gebirge nach *Abha*.

Jener Kollege, von dessen Ortskenntnissen und seinem damit verbundenen Gefängnisaufenthalt ich schon berichtet habe, führte uns dann tief in die Schluchten hinab und glücklicherweise auch wieder hinauf.

Wie schon berichtet, war er unter den Ureinwohnern des Gebietes, dem Stamm der *Thihamies*, schon ziemlich bekannt. Wir trafen dann auch auf dieser Fahrt eine Gruppe, denen er vor kurzer Zeit schon mal begegnet war. Wild aussehende Gesellen mit Dolchen im Gürtel, teilweise umgeschnallten Patronengürteln und Gewehren bei sich. Außerdem trugen sie einen eigenartigen Kopfschmuck, in Form von aus Gewürzkräutern gebundenen Kränzchen. Diese Sträußchen, so wurde uns gesagt, sollten Insekten fernhalten.

Die *Tihamies* machten einen recht freundlichen Eindruck und freuten sich scheinbar sehr über das Wiedersehen. Wie sich herausstellte, hatte diese Freude aber einen besonderen Grund: *»Surra, Surra«*, war ihr andauernder, auffordernder Ruf.

Es war keine reine Freude über das Wiedersehen, sondern sie erwarteten Abzüge von Fotos (*Surra*), die unsere Kollegen beim letzten Zusammentreffen von ihnen geschossen hatten.

Leider hatten diese vergessen, die Fotos mitzunehmen und sie versuchten nun ihnen, das zu erklären. *»Surra, Surra«*, beharrten die jungen Männer aber eine ganze Weile auf ihrer Forderung.

Wir machten zu ihrer Beschwichtigung neue Fotos und endlich gaben sie Ruhe und stellten sich erneut in Pose. Unsere Tochter, die jüngste Frau in unserer Gruppe, wurde geradezu umschwärmt.

Jeder der jungen *Tihamies* wollte mit ihr fotografiert werden. Endlich konnte man sich dann, scheinbar mit Zufriedenheit auf beiden Seiten, verabschieden. Aber der Friede sollte täuschen.

Wir fuhren also weiter und nach einiger Zeit fanden wir ein wunderbares romantisches Plätzchen zum Picknick. Es lag unterhalb eines Abhangs mit herrlichen Schattenbäumen.

Wir ließen uns unser Mitgebrachtes schmecken und brachen etwa nach einer guten Stunde auf, um den Rückweg anzutreten.

Wie gesagt, waren wir einen Abhang zum Picknick-Platz hinuntergefahren. Den mussten wir natürlich wieder hinauf. Als wir uns dem Scheitelpunkt näherten, entdeckten wir sie: *riesige Felsbrocken*.

Da sie vorher noch nicht da lagen, musste sie uns jemand in den Weg gelegt haben. Wer anders konnte es gewesen sein, als die zuvor noch so freundlichen *Tihamies*!?

Mit vereinten Kräften räumten wir die Steine wieder aus dem Weg und waren froh, dass sie uns nur diesen Lausejungenstreich gespielt und nicht zu härteren Methoden gegriffen hatten. Möglichkeiten dazu hatten sie ja genug umhängen.

TAUFE

Durch die zahlreichen Besuche am Sheraton-Strand lernten wir, zusätzlich durch Vermittlung eines uns bekannten deutschen Ehepaares, die Familie des Ressort-Verwalters bzw. Beach-Managers privat recht gut kennen. Christiane war noch oder wieder mal bei mir und so waren wir auch hie und da zum Essen eingeladen oder tranken einfach mal zwischendrin Tee bei ihnen.

Als sie wieder abgereist war (es ging ja immer hin und her), ergab sich für mich eine sehr eigenartige Situation dem Verwalterpaar gegenüber: Als Single konnte ich da nicht mehr so locker ein und ausgehen. Sie waren zwar Inder aus Goa und daher katholische Christen, aber im arabischen Umfeld wäre das doch unschicklich gewesen. So nahm mich öfters mal das erwähnte deutsche Ehepaar sozusagen an der Hand mit zur indischen Verwalterfamilie.

Die Frau des Managers hatte vor einem halben Jahr ein Mädchen geboren und um dieses kleine Geschöpf drehte sich nun alles.

Meine beiden deutschen Bekannten waren schon etwas älter und schlüpften direkt in die Rolle von Oma und Opa. Sie brachten Geschenke und Süßigkeiten bei jeder Gelegenheit mit und gaben sich wirklich wie in das Baby vernarrte Großeltern.

Nun, nach etwa einem halben Jahr, war es nach Meinung der katholischen Inder an der Zeit, das Kindchen taufen zu lassen. Denn auf nichtchristlichem Boden lauern sicher so manche Sündengefahren für die kleine noch nicht getaufte Seele.

Na und - so wird mancher Leser sich fragen - wo ist denn da das Problem?

Das Problem ist ganz einfach zu erklären:

Man findet (legal) keinen christlichen Priester, egal ob evangelisch oder katholisch, der die Taufe zelebrieren könnte. Das Christentum ist einfach in Saudi-Arabien verpönt. Es gibt deshalb auch keine christliche Kirche – keine einzige im ganzen riesengroßen Land.

Kleiner populär-theologischer Exkurs:

Wollte man diese Verachtung gegenüber dem Christentum populär-theologisch erklären, könnte sie etwa so beschrieben werden:

Das Christentum an sich ist schon deshalb zu verwerfen, weil es den einen Gott durch den Glauben an die Dreifaltigkeit ad absurdum führt.

Außerdem braucht der große Allah keinen Helfer in Form eines Sohnes, der im hilft die Menschen zu erlösen. Dazu bestimmt er, wenn überhaupt, einen Propheten (z.B. Mohamed) als Gehilfen der ihnen die Leviten liest und opfert nicht einen hirngespinstigen Sohn. Somit ist für diese Denkweise das Chris-

tentum eine Irrlehre, deren »heidnische« Rituale
nicht geduldet werden dürfen.

Nun, was tun, wenn ein Kind unbedingt getauft werden muss? Außer Landes gehen und das Kind irgendwo taufen lassen, um wieder als »Christkind« zurückzukommen?

Das ginge für einen Ikamahalter[11] wegen der Aus- und Wiedereinreisevisa aber auch nicht so leicht. Also geht man doch besser andere Wege, soweit man sie kennt.

Es gibt nämlich tatsächlich deshalb so etwas wie einen, von den unterschiedlichen Botschaften unterstützten, »Priesterschmuggel«! Das heißt, die Priester werden mit Diplomatenpass und auch mit irgendeiner diplomatischen Mission versehen und so quasi als Diplomaten »verkleidet« ins Land geholt.

Um zu erfahren, wann und wo ein solch eingeschleuster Gottesmann dann wirkt, muss auf die »Buschtrommeln« gehört werden oder man ist an ein »geheimes« Informationsnetz angeschlossen. Da werden dann von Botschaften oder Konsulaten Faxe hinausgeschickt, die z.B. für einen bestimmten Freitagmorgen zu einer »Versammlung« in die Botschaft einladen. Versammlung ist dann das Code-Wort für Gottesdienst oder Heilige Messe.

Unsere indische Familie wurde also gewahr, dass in der italienischen Botschaft, ich sage mal, am über-

---

[11] Das Ikama entspricht etwa einer Aufenthaltserlaubnis in Form eines Ersatzpasses. Das Original wurde, um Flucht zu unterbinden, vom Arbeitgeber eingezogen.

nächsten Freitag, ein katholischer Priester aus Irland anwesend sei, der die Taufe durchführen könne. Sie meldeten sich dafür an und alles klappte dann auch wie am Schnürchen. Wir, das deutsche »Ehren-Großeltern-paar« mit mir im Schlepptau, wobei die Frau die Taufpatenschaft übernahm, waren auch eingeladen.

Es ergab sich dann folgende Konstellation:

Das **indische** Kind, katholischer Eltern aus Goa, wurde von einem **irischen**, sich quasi illegal im Land aufhaltenden, katholischen Priester, unter der Patenschaft einer **deutschen** Ehren-Oma, in der **italienischen** Botschaft unter Anwesenheit von weiteren Personen aus mindestens noch fünf weiteren verschiedenen Nationen getauft.

Geht's noch internationaler? Wohl doch nur auf UNO- Vollversammlungen!

Dienstliches

Leider habe ich mein damals angefangenes Tagebuch nicht konsequent weitergeführt, sondern nach genau einem Monat wurde es mir irgendwie lästig.

Wir waren nun mit mir Neuankömmling sechs Kollegen in den Fachbereichen Kfz-, Elektro-, Klima- und Produktionstechnik. Der Teamleiter betreute den kaufmännischen Bereich. Der Kollege H., den ich bis jetzt noch nicht kannte, war irgendwie fachbereichslos. Dazu finde ich noch folgenden Tagebucheintrag:

»Erster Arbeitstag. Viele Hände, viele Gesichter, viele Namen, wenig zu tun. Erstes Abtasten, Zuständigkeiten klären. Herr H. soll ab nun »Automatic Control« übernehmen und raus aus der aufgezwungenen CNC-Technik. So klar sind Übergang und die Trennung nicht ... und zwei im gleichen Bereich? Hoffentlich geht das klar und die Hunde beißen nicht mich als Nachzögling?«

Es ging also zuerst einmal um Zuständigkeiten, denn bei der Organisation der Stellenverteilung war in Deutschland etwas falsch gelaufen.

Kollege H., der einige Monate vor mir eingereist war, wurde für einen Fachbereich eingesetzt, für den er sich überhaupt nicht beworben hatte und demnach auch nicht kompetent bedienen konnte.

Da er aber aus dem Metallbereich kam, sollte er erst mal, bis ich käme, den für mich vorgesehenen Einsatz im Bereich der CNC-Programmierung übernehmen.

Als ich nun erschien, war er quasi aufgabenlos, also irgendwie überflüssig geworden und das wollte er natürlich so nicht hinnehmen. Er versuchte zuerst einmal als Erstankömmling und »erfahrenerer« Experte, so etwas wie meinen Mentor, um nicht zu sagen Chef zu spielen. Er glaubte, mir bestimmte Arbeiten (im kollegialen Sinne natürlich) zuordnen und erklären zu müssen. Dazu gehörte z.B. eine Inventur aller, zu den neu angelieferten Maschinen gehörigen Werkzeuge und Zubehöre.

Übrigens:
Etwa 20 Jahre davor war ich schon mal in ähnlicher Situation, als ich als frischgebackener, junger Konstruktionsleiter zum Schraubenzählen bei der Jahresinventur eingeteilt wurde. Damals hatte ich aufs Schärfste protestiert, was mir allerdings nichts half, da die Anordnung von höchster Stelle gekommen war und zwar an alle Betriebsmitglieder. Also war die damalige Aufregung nur zu meinem eigenen Schaden.

Diesmal sah ich es aber als Prüfung für mich an, ob ich meinem Vorsatz treu bleiben konnte, mich zurücknehmend, »demütig« mit solchen Situationen umzugehen?

Ich konnte! Zumindest vordergründig, denn gleichzeitig habe ich bei der Projektleitung bei der ersten Gelegenheit darauf gedrängt, dass die Zuständigkeiten klar geregelt werden müssten.

Und schon einige Wochen später fand man eine Lösung: Kollege H. sprang zuerst in einem anderen ihm geläufigen Spezialgebiet an unserem College ein und wurde zum nächsten Schuljahr in ein anderes College versetzt, wo er dann voll seine Steckenpferde reiten konnte.

Aber auch unsere anfänglichen persönlichen Probleme waren damit vom Tisch. Solange er noch in Dschidda weilte, freundeten wir uns sogar an und hatten zusammen so manch netten Skatabend mit kleinem Abendessen.

Unser dritter Mann, Dr. O. - übrigens ebenfalls wie ich »Bayuware« - fühlte sich dabei von uns des Öfteren »neidunkt«, wie er auf bayerisch meinte, wenn er ein Spiel verlor. Auf Hochdeutsch etwa: untergetaucht oder reingelegt.

In diesem Zusammenhang fällt mir noch ein:

An irgendeinem Wochenende veranstaltete das deutsche Konsulat ein Skatturnier. Kollege H. und ich nahmen daran teil.

Ich dachte nicht, dass es so viele turniertaugliche Skatspieler, aber auch Spielerinnen unter der deutschen Gemeinde in Dschidda gäbe.

Wie sich aber dann im Laufe des Abends herausstellte, waren die meisten Männer weniger am Skat als am echten deutschen Bier interessiert, das es ja auf dem deutschen Boden des Konsulates reichlich gab und zu dieser Gelegenheit ausgeschenkt wurde.

Die mitspielenden Frauen, die normalerweise doch weniger Bier trinken als die Männer, zogen an den Punkt-Ergebnissen der mehr und mehr beschwipsten Männer mühelos vorbei.

Irgendwie hatte ich mich an diesem Abend recht gut im Griff und widmete mich doch mehr dem Skatspiel als dem Trinken. Mit dem Erfolg, dass ich den vierten oder fünften Platz erobern konnte. Und der Preis? Ein kleiner, gelber Liebherr Modellbagger! Kollege H. kommentierte diesen Gewinn neidlos mit der lakonischen Bemerkung: „Na, da hast du ja was fürs Leben!" Und in der Tat steht das Baggerchen noch heute auf einem Regal in meinem Arbeitszimmer.

Zurück zu den Steckenpferden im Dienst:

Im weiteren Verlauf meines Einsatzes, auch über die Jahre hinweg, entwickelte sich meine Arbeit tatsächlich in diese Richtung.

Alle meine Vorlieben, die ich aber auch wirklich für den Erfolg meiner Beratungstätigkeit als sinnvoll ansah, wurden dankbar angenommen.

Nach langen Jahren des Eingeengtseins in Lehrpläne, schulische Organisationsstrukturen und fremdbestimmtes Zeitmanagement empfand ich fast erstmals die volle Freiheit zur schöpferisch kreativen Arbeit.

Mir machte meine Arbeit wieder uneingeschränkt
Freude!

KOLLEGE TEAMLEITER

Unser Teamleiter war Experte für kaufmännische Fragen. Er war auch erst ein Jahr im Land und ersetzte einen Vorgänger, der durch seine ihm nachgesagte *intrigierende* Art das ganze Team gegeneinander aufhetzte.

Er dachte wohl »teile und herrsche«? Das Ergebnis war aber, dass die Mitarbeiter als Team kaum noch arbeitsfähig waren. Der frühere Teamleiter selbst betreute den Bereich Kälte- und Klimatechnik. Er soll mit allen Kollegen nur noch per Notizzettel kommuniziert haben und darüber hinaus hätte er bei den kleinsten Unstimmigkeiten disziplinarische Abmahnungen verteilt, so erzählte man mir.

Auf diesem Hintergrund agierte der *neue* Mann äußerst vorsichtig distanziert, aber dennoch kollegial. Er wohnte im gleichen Compound wie ich und die ersten Tage, bis ich ein eigenes Auto besaß, nahm er mich zum College mit. Er bestand aber im weiteren Verlauf auf seiner Freiheit und lehnte, sobald ich den eigenen Wagen hatte, jegliche Fahrgemeinschaft ab.

Aus den oben beschriebenen kleinen Reibereien hielt er sich fast völlig außen vor. Er wollte wohl eine Frontenbildung und ein neues Aufflammen der Konflikte verhindern. Allerdings stand er, durch mancherlei Bemerkungen erkennbar, auf der Seite des Rechts, nämlich auf meiner. Immerhin hatte ich mich ja auf diese spezielle Funktion beworben und war dafür auch eingesetzt. Des Problems Lösung wurde ja bereits oben erklärt.

Im Laufe der Zeit wuchs glücklicherweise das Vertrauen wieder unter den Kollegen. Man lud sich gegenseitig privat zu kleinen Festen oder auch nur mal auf einen Kaffee ein.

Unser »Häuptling«, wie er sich selbst manchmal nannte, hatte sich, in der nicht wenigen Freizeit, das Gitarrenspiel beigebracht. Und so überraschte er uns bei meiner ersten Geburtstagsparty mit einem selbst gedichteten Team-Song, den er vortrug und auf der Gitarre begleitete.

Ich füge hier Teilauszüge einer Originalkopie (man achte auf den Refrain!) mit freundlicher Genehmigung des Autors ein:

```
          JEDDAH TEAM SONG

    Sonderausgabe zum Geburtstag unseres lieben Kollegen
                   Karlheinz Mayer


           Es zog einst durch die Wüste
           hinab ans Rote Meer
           ein Haufen von Experten
           von Germanien her

   Refrain (zu singen nach jeder Strophe voll Inbrunst und
           Optimismus):

                ai, aija, mafi muschkila
                ai, aija, mafi muschkila
```

77

Sie schmieden finstre Pläne
genannt Curricula
für Saudias Entwicklung
denn dazu sind sie da

Der schönste Mann der Truppe
kommt aus dem Bayernland
mit Katze, Bart und Windows
ist Krendi weltbekannt

Als Fachmann für die Kälte
kam er angereist
doch hoat er woll woas foalsch g'macht
hier is no immer heiß

Der Häuptling von dem Haufen
das ist ein Ökonom
von Technik keine Ahnung
doch wen juckt das schon

Tagsüber trimmt er Saudis
auf Business Management
des Nachts träumt er von GOTEVT
so daß er kaum noch pennt

Der gute Geist der Truppe
ist Frau Karin
sie sitzt auf unserer Kasse
weil man ihr halt vertraut

Und kauft sie mal 'ne Insel
die ihr gut gefällt
dann fragen wir uns alle:
Woher kommt das Geld?

Doch einer muß es wissen
denn sie ist ja die Frau
des   Experten
Fahrzeug- und Töchterbau

In allen Lebenslagen
ist Meister K   bereit
zu raten und zu helfen
bei jeder Schwierigkeit

Jetzt kommt noch Karlheinz Mayer
Experte CNC
der macht aus Fräsmaschinen
Stahlblechfrikassee.

Am Abend spielt er Tennis
und wenn er dann verliert
so kann's nur daran liegen:
er war falsch programmiert.

Doch sonst ist er in Hochform
am Kochtopf und beim Skat
wir wuenschen alles Gute
dem Mann der heut bezahlt.

KOLLEGE K.

Wie schon im Team Song erwähnt, war »*Meister K. bereit, zu raten und zu helfen bei jeder Schwierigkeit*«. Und die hatte ich, nachdem ich frisch in diesem fremdesten aller mir bisher fremden Länder angekommen war.

Bei diversen Behördengängen wäre ich alleine völlig verloren gewesen.

Zwar sind (fast) alle Straßen- und sonstige Hinweisschilder zweisprachig ausgeführt, das heißt aber noch lange nicht, dass man bei Behörden problemlos mit Englisch weiterkommt.

Kollege K. war nicht nur Experte in Fahrzeugbau, sondern auch unser längst gedienter Saudi-Arabien-Experte schlechthin. Er hatte sich also auch, in seinen vielen Jahren der Zusammenarbeit mit Saudis, einen respektablen saudischen Wortschatz angeeignet. Dies war nahezu notwendig, um bei Behörden auf Gehör und Verständnis zu stoßen. Um welche Probleme ging es in meinem Fall?

Zur Einreise nach Saudi-Arabien hatte man in seinem Dienstpass lediglich ein Einreisevisum.

Um aber die für seine Arbeit nötige Aufenthaltsgenehmigung zu bekommen, musste man entweder eine sogenannte Ikama (vergleichbar mit der *Greencard* der USA) beantragen, oder aber, in unserem besonderen Fall, ein für ein Jahr gültiges Daueraufenthaltsvisum (*Re-Entry-Visum*) in seinen Pass gestempelt bekommen. Mit diesem Visum konnte man während seiner Gültigkeitsdauer beliebig oft ein- und ausreisen.

Dazu musste der Pass aber über unser Zentralbüro in Riad zum Innenministerium geschickt werden. Schon dafür zeigte sich Kollege K. behilflich.

Ein viel größeres Problem stellte aber die Ausstellung eines über die ganze Dienstzeit gültigen saudischen Führerscheins dar. Dazu musste eine ganz bestimmte Prozedur durchlaufen und aufs Genaueste eingehalten werden.

An die exakten einzelnen Schritte kann ich mich nicht mehr erinnern, aber, dass das Allerwichtigste ein sogenanntes »*File*« war, ohne das überhaupt nichts ging, blieb mir deutlich im Gedächtnis.

Das File war eigentlich nichts anderes als eine DIN A4 Klarsichthülle, in die die nötigen Papiere eingelegt wurden und dann erst vorgelegt werden konnten.

Nun war aber in meinem Fall die Angelegenheit besonders problematisch. Denn mein Pass, der das Dauervisum eingestempelt haben sollte, lag noch geraume Zeit beim saudischen Innenministerium. Der deshalb oft wiederholten Frage »*where Ikama?*«, konnten wir nur mit der Erklärung dieses Sachverhalts begegnen.

Außerdem hatten wir ein Empfehlungsschreiben vom Wirtschaftsministerium, das unsere besondere zwischenstaatlich ausgehandelte Position darstellen sollte. Dies war aber in Englisch und wer mochte das schon lesen?

Da kamen die Arabischkenntnisse unseres Kollegen K. natürlich sehr, sehr zu Hilfe. Auch kannte er die Gepflogenheiten bei Behörden. Wer sich kleinlaut gab und sich gar in die Warteschlange einreihte, hatte schon verloren.

Bislang hatten die beiden im Vorwort erklärten Ausdrücke *Bokra und Inschallah,* also morgen so Gott will, tragende Rollen. Aber endlich waren wir soweit, dass wir nach einer geschlagenen Woche zur konkreten Antragsabgabe schreiten konnten.

Ich kann mich noch wie heute an mein Erstaunen erinnern, als Kollege K. mit meinem File bewaffnet, an einer langen Schlange - der Kleidung nach zu schließen, wahrscheinlich wartende Pakistani - vorbeischritt, die Klarsichthülle unter der Trennscheibe dem Beamten vor die Nase legte, einige arabische Worte murmelte und sich siegesgewiss einfach zum Gehen abwandte.

Ich sollte mich ihm, genauso sicher schreitend, anschließen, um ja keinen Zweifel an unserem VIP-Status aufkommen zu lassen.

Das Passbild darauf war und ist so verfremdet, dass es als Erkennungshilfe eigentlich kaum zu gebrauchen ist.

Ich wurde auch nur ein einziges Mal aufgefordert, den Schein vorzuzeigen und da war er doch tatsächlich gerade einige Tage abgelaufen.

Ich erklärte, dass ich ihn ohnehin in den nächsten Tagen verlängern lassen wollte. Die Polizisten zeigten sich verständnisvoll und waren wohl mit mir der Meinung, dass meine Fahrkunst in den nächsten Wochen nicht von so einem Kärtchen abhinge. Also: »*mafi muschkila*«!

Meinem damals noch geführten Tagebuch kann ich auch noch entnehmen, dass die Zulassung meines ersten Autos nicht mindere Probleme darstellte. Ich kaufte übrigens, auch auf Anraten des Kollegen K., anstelle eines gebrauchten, dort unter Westlern fast zum Muss gehörenden Geländewagens, einen kleinen Neuwagen für zirka umgerechnete ehemals 9000 DM.

Er sah unserem damaligen deutschen Opel Kadett sehr ähnlich, wenn er nicht sogar in vielen Teilen baugleich war. Er hieß DAEWOO RACER.

Von dieser koreanischen Marke hatte ich bis dahin noch nie gehört. Dieses Auto war tatsächlich eine weitere Auflage des von General Motors in Europa von Opel als Kadett und Vauxhall in England als Astra gebauten Kleinwagens. Gegenüber unseren Kadetts hatte diese Ausführung natürlich Klimaanlage!

Er tat mir gute Dienste, bis ich dann doch ebenfalls einen standesgemäßen Geländewagen, einen Mitsubishi Pajero Diesel kaufte.

Saudis

Meine saudischen Kollegen (im Entwicklungshil-fejargon *Counterparts* genannt, wörtlich: »Gegen-stück«) waren dann doch erst mal hauptsächlich die Praxislehrer, die von mir lernen sollten, wie sie:

Erstens, selbst mit den neuen computergesteuerten Werkzeugmaschinen umgehen müssen und

zweitens, wie sie dann ihr Wissen und Können an ihre Schüler didaktisch und methodisch erfolgreich weitergeben können.

Von den Kollegen aus dem Theorieunterricht lern-te ich nur vier kennen. Zwei von ihnen waren Ägypter. Ein junger und ein älterer. Der Junge war noch ganz zugänglich und kam auch einige Male in die Niede-rungen der Werkshalle. Dann frühstückte er hin und wieder mit uns gemeinsam.

Der ältere war sich seiner Überlegenheit wohl be-wusst. Kurz gesagt, er war ein nicht so sympathischer Besserwisser.

Die anderen beiden waren sehr angenehme schwarze Sudanesen. Einer von ihnen hatte in England promoviert.

Er leitete unsere Abteilung Produktionstechnik. Mit ihm kam ich hauptsächlich nur in personellen Dingen in Berührung. Oder, wenn ich besondere Änderungsvorschläge betreffs Einrichtung o.Ä. hatte.

Vor allem aber hätte ich mit ihm verhandeln müssen, wenn es darum gegangen wäre, den Vertrag verlängert zu bekommen. Dies wäre für mich, wenn überhaupt, dann erst nach zwei Jahren akut geworden, denn eine Verlängerung hatte ich zu Beginn meiner Arbeit sowieso nicht in Betracht gezogen.

Mit dem zweiten sudanesischen Kollegen hatte ich auch fachlich zu tun und wir kamen, bis auf unser unterschiedliches Theorie-Praxis-Verständnis, miteinander recht gut aus.

HABIBALLAH

Zur Unterweisung der saudischen Praxislehrer wäre es allerdings nicht nötig gewesen, mich in Irland zwei Wochen lang einem Einzelenglischkurs zu unterziehen.

Die Englischkenntnisse, zumindest meines Hauptschützlings, er sei *Habiballah* genannt (übrigens bedeutet das: *Liebling Gottes*, was durchaus eine enge Verwandtschaft zu unserem Namen *Gottlieb* aufweist!), waren so rudimentär, dass ihn schon mein eingestaubtes Schulenglisch hoffnungslos überfordert hätte, wäre es zum vollen Einsatz gekommen. Aber dankenswerterweise bietet die Technik andere Kommunikationsmöglichkeiten als nur Sprache. Zum Beispiel eine Zeichnung zu zeigen, eine Formel anzuwenden oder einfach etwas vorzumachen.

Immerhin war der Wille *Habiballahs*, die englische Sprache auszubauen, unumstößlich und gipfelte in dem Bekenntnis:

*»Mister Mayer, after Holliday I English ... **Inschallah**!«*

Andererseits wollten einige von meinen saudischen Kollegen, allen voran mein *Habiballah*, aber auch mir etwas beibringen. Natürlich sollte ich zum wahren Glauben finden, d.h. ich sollte zum Islam bekehrt werde. Alle möglichen Broschüren sollten mir dabei helfen, zur wahren Erkenntnis zu gelangen.

Als die alle nicht ihr Ziel erreichten, führte *Habiballah* mir einen hünenhaften, Afro–Amerikaner in saudischem Gewand[12] vor. Denn der hatte, ganz im Gegensatz zu mir Unbelehrbaren, bereits zum wahren Glauben gefunden. Aber auch gegen dessen Beschwörungen zeigte ich mich immun.

Nach einiger Zeit ebbten die Bekehrungsversuche ab und es war mir Genugtuung, dass ich wohl inzwischen auch als Christ als einigermaßen akzeptabler Mensch und Kollege angesehen wurde.

Als besonderer Beweis seiner (bzw. ihrer) Akzeptanz meiner unterschiedlichen religiösen Weltanschauung kann *folgendes Ereignis* angesehen werden:

In unserem gemeinsamen Büro tönten aus einem Lautsprecher an der Decke im Ramadan unentwegt in ziemlicher Lautstärke religiöse Gesänge. Für unsere Ohren weder besonders musikalisch noch sehr erbaulich.

---

[12] *Thawb* = weißes Langhemd und *Ghutra* = meist weiß-rot kariertes Kopftuch, festgehalten durch ein *Agal* = eine Kordel von uns spaßhalber »Keilriemen« genannt.

Während ich an einer Formelsammlung geometrischer Berechnungen, umgestellt nach allen Faktoren, für *Habiballah* (»*Ei not gutt Mathematik*«) arbeitete, ging mir die Beschallung enorm auf die Nerven. Ich konnte mich nicht mehr konzentrieren.

Bei nächster Gelegenheit machte ich *Habiballah* darauf aufmerksam, etwa in folgender Weise:

»Habiballah?«

»Aywa« (ja)

Ich deutete auf den Lautsprecher und hielt mir dabei die Ohren zu. *»Very loud, can you make down, schwoa (ein bisschen)?«*

»Inschallah«

Er verschwand und kam einige Minuten später mit einem kleinen Schraubenzieher bewaffnet zurück. Er stieg auf einen Stuhl und schraubte kurzerhand die Anschlusskäbelchen am Lautsprecher ab. Vollständig außer Betrieb gesetzt! Ich war wie von den Socken. Diese plötzliche Ruhe!

»Many thanks, vielen, vielen Dank, schukran, alhamdulillah«

»Mafi Muschkila«

Er verzichtete also durch das vollständige Abklemmen der Lautsprecher dauerhaft auf seine religiöse Erbauung durch die ihm sicher ans Herz gewachsenen Gesänge.

Mir zuliebe? Wenn das keine Akzeptanz meiner anderen Art war, dann zumindest Toleranz?

Oder war es etwa ganz anders? Gingen ihm selbst diese ewigen Gesänge auf die Nerven, was er aber niemals seinen Glaubensbrüdern gegenüber hätte zugeben dürfen?

Wäre also mein Wunsch eine gute Ausrede gewesen, um dem Generve ein Ende zu bereiten? Alles nur Spekulation. Hauptsache aber »*mafi muschkila*«!

An zweiter Stelle kam dann ein angenehmerer Unterricht für mich, dem ich mich auch nur zu gern unterwarf: saudisch essen zu lernen ohne Messer und Gabel, mit blanker Hand, natürlich nur der rechten, am Beispiel des täglichen Frühstücks, genannt *Fotur*.

Wenn der Ruf »*Fotur, Fotur*« durch die Werkhalle schallte, ließ ich mich zumindest in den ersten Wochen, bis ich mein langsam aber sicher ansteigendes Gewicht beobachtete, nicht lange bitten.

Es war einfach köstlich: frisch gebackenes afghanisches Fladenbrot, dazu *Ful* (gebackene Augenbohnen mit Olivenöl), verschiedene Arten von eingelegtem Gemüse (Mixpickles) und dazu einen sehr süßen Tee oder auch mal nur »*the omnipresent*« Pepsi.

Die Frühstücksumgebung hatte zeitweise dann auch eine ganz eigene Romantik: Wir saßen auf dem Boden in einem von Maschinen-Transportkisten gebildeten Separee.

OMAR

Die Holzkisten, zwischen denen wir frühstückten, beinhalteten auch bereits mein nächstes Betätigungsfeld:

Es waren insgesamt sechs neue CNC-Fräsmaschinen, die zuerst methodisch und sicherheitstechnisch sinnvoll aufgestellt, angeschlossen und in Betrieb genommen werden mussten. Nach einer gewissen Eigentrainingszeit hatte ich dann einen anderen saudischen Praxislehrer (ich nenne ihn *Omar*) darauf zu schulen.

In diesem Zuge kam mir eines Tages die glorreiche Idee, meinem Schützling den Vorschlag zu machen, ihm die Erklärung der Maschine vor den Schülern durch einen selbstgedrehten Lehrfilm zu erleichtern. Er könne dann den Film vor der ganzen Klasse vorführen und erspare sich die Erklärungswiederholungen für jeden einzelnen Schüler.

Er war begeistert und wir besprachen das »Drehbuch«. Ich erklärte ihm, dass es darauf ankomme, die wichtigen Funktionen kurz, klar und deutlich darzustellen.

Schon nach dem ersten Versuch musste ich unterbrechen und ihn nochmals auf das Wesentliche und an die Klarheit der Aussagen erinnern. Nach mehreren Versuchen brach ich sie als gescheitert ab.

Obwohl ich natürlich nicht im Einzelnen verstand, was er da so alles erzählte, merkte ich deutlich, dass er die Fakten nicht klar auf den Punkt brachte.

In schon bekannter Weise könnte man das etwa so darstellen:

»جكبيديةيي ؟گذ انةشطإ *inschallah* غغتبعفقكل ضطس *in-schallah* شئبتثحفقك *inschallah* مسلفئاد ئطنصصشجل *inschallah* ضصصشظشعظرتا «

Und so weiter und so fort.

Es soll damit wieder dargestellt werden, dass ich außer »*inschallah*« nichts verstand. Und dass mir dieses häufige *Inschallah* in einem technisch-funktionellen Zusammenhang jedoch äußerst unangebracht erschien.

Wir ließen das Projekt fallen!

POTENZ PROBLEME

Omar sprach ein relativ verständliches Englisch und so redeten und diskutierten wir auch, über Technisches hinaus, ab und zu über Privates. Ich weiß allerdings nicht mehr, aus welchem Zusammenhang heraus er plötzlich die Frage an mich richtete:

»*Mister Mayer, how many times a week your wife wants to have sex?*«

Ich war erst einmal perplex über diese doch recht intime Frage. Aber nach kurzem Überlegen erinnerte ich mich daran, was ich über die Saudis an anderer Stelle gelesen hatte. Sex sei für saudische Männer so wichtig wie, oder noch wichtiger als das tägliche Essen, wurde da behauptet. Siebzigjährige kämen zum Arzt und beklagten sich, dass sie nur noch jeden Tag einmal könnten und verlangten Viagra.

Aber dennoch war ich überrascht. Denn hörte ich da nicht etwas ganz anderes heraus? Er wollte wissen, wie oft meine *Frau*, nicht aber wie oft *ich* Sex in der Woche wolle. Gab es da irgendein Problem, über das er mit mir sprechen wollte? Ich fragte also erst einmal zurück:

»Why do you ask me?«

»Because Saudi women want to have sex at least once each day, and this is really exhausting!«

Aha, die Frauen also zwingen die Männer zu ihrem Potenzwahn? Aber er schickte auch gleich eine Erklärung nach:

Das Klima! Immer diese Wärme und die leichte Kleidung im Haus ... oh je!

Ich bemitleidete ihn ein wenig, konnte ihm aber keinen Rat geben und gab zu:

»Nein, meine Frau ist nicht so gierig und ich komme so ganz gut damit zu Recht.«

isa

Isa war ein zirka 22-jähriger saudischer Nach-
wuchslehrer, der, erst zum Wintersemester frisch mit
einem Abschluss vom gleichen College kommend,
meinem *Habiballah* als Assistent zur Seite gestellt
wurde.

So etwas wie eine pädagogische Ausbildung sah
man für eine Praxislehrertätigkeit als nicht notwendig
an. Denn das, was einer kann (oder können sollte),
kann er doch jederzeit auch einem anderen zeigen,
oder? Klar doch!

Er war also somit auch unter meine Fittiche gestellt und es entwickelte sich fast so etwas wie eine
Vater-Sohn-Beziehung zwischen uns. Zumindest aber
behandelte mich *Isa* wie einen väterlichen Freund. Er
sprach übrigens ein recht gutes Englisch.

Neben unserem täglichen technisch-dienstlichen
Umgang pflegten wir auch, hin und wieder gemeinsam
draußen Essen zu gehen. Wobei ich dann in die Vater-
rolle schlüpfen durfte und ihm zum Beispiel beim
Schneiden der Pizza behilflich sein musste.

Denn, wie er mir etwas beschämt sagte, Messer und Gabel gäbe es quasi bei ihnen zuhause nicht. Zumindest sei er nicht gewohnt damit umzugehen.

Das einzige Werkzeug, das er äußerstenfalls zum Essen benutze, sei ein Löffel. Ob ein Einzelfall oder in seiner sozialen Schicht üblich, kann ich nicht sagen.

HOCHZEIT

Isa war im heiratsfähigen Alter. Als er mir davon erzählte, dass seine Hochzeit anstünde, fragte ich ihn, ob er denn schon lange mit der Auserwählten zusammen gewesen sei?

Nein, es wäre, wie eben üblich, eine arrangierte Hochzeit mit einer, von seinen Eltern ausgesuchten, als zur Ehe geeignet erachteten, würdigen und reinen Jungfrau.

Die Freundinnen, die er schon mal früher hatte, könne er ja nicht heiraten, denn die hätten sich doch dadurch, dass sie sich mit ihm eingelassen hatten, als zur Ehe unwürdig erwiesen.

»Wie bitte? Es waren also Dirnen, Prostituierte oder einfach dumme Gänse, die an die Liebe glaubten?«

Er zuckte verständnislos die Schultern über mein Erstaunen. »So ist das eben!«. Ich konnte und wollte das nicht verstehen und ich ließ es einfach weiter unhinterfragt in Raume stehen. Jedenfalls, der Hochzeitstermin war anberaumt und *Isa* war es ein

Bedürfnis, seinen väterlichen Freund zur Hochzeitsfeier einzuladen.

Sie fand also abends in einem der dafür speziell eingerichteten Hochzeitshäuser statt. Es war ein relativ milder, das heißt nicht zu heißer Abend und deshalb fand unsere Feier (nur die der Männer) unter freiem Himmel und nicht im klimatisierten Ballsaal statt.

Von Frauen war natürlich nichts zu sehen. Sie zelebrierten ihre Feier irgendwo auf der gegenüberliegenden, völlig von uns abgeschotteten Seite des Gebäudes.

Da saß ich nun, auf rund um den Innenhof herumlaufenden Steinbänken inmitten sich auf Arabisch mehr oder weniger angeregt unterhaltenden, mir völlig unbekannten Saudis. Ich verstand also kein Wort, konnte mich mit niemandem unterhalten. Ich hätte genauso gut nicht da sein können. Das Einzige, was meine Anwesenheit überhaupt erlebbar machte, war ein hin und wieder mir geschenktes Zulächeln und mit Tee zuprostendes Zunicken.

Es spielte auch keine Musik. Außer, von da mal einen Tee und von dort mal einen arabischen Kardamom-Kaffee mit einer Dattel, gab es keinerlei Zeitvertreib oder Unterhaltung.

Kein Gedicht wurde vorgetragen, kein Gaukler trat auf. Nichts. Es war, einfach ausgedrückt: stinklangweilig!

Und, dass diese Empfindung eventuell nicht nur ich hatte, könnte durch die Tatsache belegt werden, dass, als endlich die *Kapsa* (traditionelles Reisgericht mit Lamm) um etwas nach Mitternacht aufgetragen wurde, die Feier innerhalb weniger Minuten, nachdem der letzte Bissen hinuntergeschluckt war, ihr sehr rasches Ende erfuhr ...

... Hände Waschen und *Ma à Salama.*

(etwa, gehe in Frieden)

Dabei fällt mir noch ein:

Als einige Jahre später meine Frau die Gelegenheit hatte, in Riad auch an einer Hochzeit teilzunehmen, machte sie, natürlich auf Frauenseite, eine ganz andere Erfahrung.

Ich gebe hier also ihre Erzählung weiter.

Sie war, gemeinsam mit anderen deutschen Frauen, zu der Hochzeit einer Tochter aus einer deutsch-saudischen Ehe eingeladen. Sie fand, wie üblich, im Ballsaal eines der großen Hochzeitshäuser statt.

Der bestimmende erste Eindruck war bunte, laute Fröhlichkeit. Die Tische waren mit Blumen dekoriert, die Frauen hatten sich mit aufwändig ausstaffierten Kleidern und Gold behangen und sie tanzten zu einer philippinischen Frauenband. Tische bogen sich unter einem übermäßig reichhaltigen Buffet.

Ganz weiblich war die genannte Frauenband jedoch nicht: Sie hatte einen männlichen Keyboarder. Der arme Kerl durfte allerdings nicht im Ballsaal sein, sondern musste draußen, über Kopfhörer und Mikrophon mit der Band verbunden, in der Küche mitspielen.

*Die Braut war ganz in weiß, unseren Hochzeits-
kleidern sehr ähnlich, gekleidet und thronte auf
etwas erhöhtem Podium.*

*So gegen Mitternacht ertönten plötzlich die even-
tuell dem Leser bekannten Zungentriller arabischer
Frauen. Diese sehr lauten, schrillen vibrierenden
Schreie wurden als Warnsignale ausgestoßen, die
anzeigen sollten: Männer im Anmarsch!*

*Frauen, die sich so »nackt« wie sie waren, keinem
fremden Mann zeigen wollten, warfen nun schnell
ihre Abaya über und legten auch noch eventuell ihren Gesichtsschleier vor.*

So kamen sie denn:

> *der Bräutigam,*
> *die beiden Väter von Braut und Bräutigam,*
> *einige Onkel und Brüder.*

Nun war es plötzlich gar nicht mehr so lustig. Die
Sitte *war in Form der männlichen Familienmit-
glieder wieder eingekehrt.*

*Sie blieben aber glücklicherweise nicht besonders
lange, sodass die Fröhlichkeit und Ausgelassenheit
schnell wieder zurückkehren konnten.*

EMANZIPATION

Ich bin sicher, seinen saudischen Kollegen hätte *Isa* das, was er im Laufe einer *Kreisverkehr-Party* mir anvertraute, nicht erzählt.

Zuerst sollte ich aber klären, was es mit dieser Kreisverkehr-Party auf sich hat.

Irgendetwas war zu feiern. Was genau, weiß ich nicht mehr. Da man aber persönliche Geburtstage, in Ausnahme eines einzigen, nämlich den des Propheten, unter Saudis nicht feiert, kann es schon mal kein Geburtstag irgendeines Kollegen gewesen sein. Ist auch nicht so wichtig.

Jedenfalls verabredete man sich an einem der riesigen Kreisverkehre und zwar an einem, der nicht durch irgendeine monumentale Plastik besetzt war, sondern nur ein dezentes Blumenbeet im Zentrum hatte.

Zu den Kreisverkehren (roundabouts) im Folgenden noch eine kleine Erklärung:
Die Flaniermeile, die Corniche, ist nicht nur Restaurants, Hotels und andere Bauten gesäumt, sondern auch kunstvolle Plastiken.

*Man hat uns erzählt, dass Dschidda vor einigen
Jahren einen Bürgermeister-Prinzen hatte (fast alle
öffentlichen hohen Ämter sind mit Prinzen besetzt),
der sehr kunstliebend war. Ihm hätte Dschidda all
diese wunderbaren, aber auch teilweise seltsamen
Kunstwerke zu verdanken. Fast jeder der zahlreichen riesigen Kreisverkehre ist mit einer besonderen Plastik verziert.*

Platz neben dem Beet war also genügend, um eine
lange Plastikdecke auf dem Boden ausrollen zu können, auf die dann die mitgebrachten Speisen ausge-
breitet wurden.

Um diese Plastikdecke herum ließ man sich dann
»bequem« nieder.

Neben diesem Arrangement wurde noch der Wagen eines Kollegen gestellt, auf dessen Kühlerhaube
ein kleiner, von der Autobatterie betriebener Fernseher stand. Der Grund dafür war irgendein für sie
wichtiges Fußballspiel.

Es war übrigens nicht die einzige Straßenparty, die
im Zentrum eines rundherum brandenden Verkehrs
stattfand.

Nun, inmitten des lebhaften Verkehrs saß also
mein *Essa* neben mir auf dem Boden und blies Trüb-
sal. Er sprach, entgegen seines üblichen Naturells,
kein Wort und stierte nur sinnierend vor sich hin.

Ich insistierte:

»Essa, what's the matter with you?« (Ich führe nun
der Einfachheit halber die Konversation in übersetz-
ter Form weiter.)

»Was meinst du?«

»Ich meine, du bist so nachdenklich, traurig, gar nicht zum Feiern aufgelegt.«

»Kann sein ....«

»Was ist denn vorgefallen?«

»Ist nicht leicht für mich, das zu erzählen.«

»Ich glaube, es geht dir besser hinterher, wenn wir darüber reden, was immer es auch sein mag.«

»Du weißt doch, ich bin jung verheiratet. Und was ist für einen jung verheirateten Mann oder für einen Mann überhaupt das Wichtigste im Leben? Einen Sohn zu zeugen!«

»Ja, das weiß ich und du willst das ja sicher auch?«

»Genau. Das versuche ich nun seit Monaten. Bis heute strenge ich mich jeden Tag dafür an, aber wie du ja sicher weißt, ergebnislos.«

»Nein, das wusste ich noch nicht, aber schade, dass du mir das jetzt erzählen musst. Und ist das der Grund für deine Traurigkeit?«

»Nein, das alleine noch nicht. Sondern etwas viel Schlimmeres: Meine Frau belügt und hintergeht mich seit Wochen und das habe ich heute erst herausgefunden.«

»Was heißt das? Geht sie fremd, hat sie einen anderen Mann, einen Liebhaber?«

»Nein, sie belügt mich und betrügt unsere Beziehung, weil sie die Pille nimmt! Stell dir das vor: wochenlanger Betrug bei jedem Sex! Ich weiß nicht, was ich tun soll!«

»Du könntest dich scheiden lassen. Grund wäre das sicher genug. Oder?«

»Ja schon, aber irgendwie kann ich das doch noch nicht. Sie hat ja auch etwas Recht, wenn sie sagt, dass sie erst noch ihre Ausbildung fertigmachen will und deshalb meint, noch kein Kind gebrauchen zu können. Aber sie hätte mir das vorhersagen müssen!«

»Das sehe ich genauso. Aber wie du selber sagst, du könntest sie doch auch verstehen, so solltest du ihr verzeihen. Und Kinder kommen sicher dann auch noch früh genug. Ihr seid ja noch jung!«

»Na ja, so sind sie eben schon geworden, die jungen Frauen. Sie hören nicht mehr bedingungslos auf ihre Männer. Meiner Mutter wäre so etwas nie in den Sinn gekommen.«

»Scheiß Emanzipation!«

NEUES SPIEL, NEUES GLÜCK

ach einer Vertragsverlängerung wurde mir von unserem Projektleiters Prof. R. angeboten, ich könnte ab Sommer 1995 in *Riad* eine Position in der Projektleitung übernehmen.

Die Arbeit wäre innerhalb eines Teams von durchschnittlich fünf Mann in der einem Ministerium ähnlichen Verwaltung aller beruflichen Bildungseinrichtungen Saudi-Arabiens zu leisten.

Jeder Kollege betreue ein bestimmtes Fachgebiet und dessen entsprechende Aufgabenbereiche. Ich wäre vorgesehen für alle Fachbereiche der auszubildenden Metallberufe, wäre sozusagen Fachbereichsleiter und für die Arbeit der Experten vor Ort an den Schulen mitverantwortlich.

An unserer Seite würden saudische Kollegen sein, die Jahre vorher in Deutschland einen Sonderstudiengang in Berufspädagogik absolviert hatten und nun als sogenannte Schulinspektoren fungierten.

Sie sprächen fließend Deutsch und deshalb würde es in dieser Zusammenarbeit keine Sprachprobleme mehr geben – so wurde mir erklärt.

Die Stelle war vakant geworden, weil der Kollege, der diese Funktion bisher innehatte, wieder nach Deutschland an seine Berufsschule zurückkehren wollte. Man hatte ihm dort eine Studiendirektorenstelle in Aussicht gestellt. Er schlug mich für seine Position vor, weil wir sehr gut zusammengearbeitet hatten und etwa gleiche Auffassungen in der Weiterentwicklung der Beratungsarbeit vertraten.

Ich sagte also zu!

Schon im Juni sollte der Umzug erfolgen.

Vorher musste aber mein Projektleiter erst Überzeugungsarbeit beim Schulleiter meines Colleges leisten, denn der meinte zuerst einmal, er könne mich nicht gehen lassen, ich sei »unersetzbar«. Mein Chef versprach ihm, für mich einen guten Ersatzmann zu besorgen. Diese Aufgabe fiel dann aber später in meiner neuen Stellung in Riad in meine eigene Zuständigkeit.

Abschließend zu meiner Zeit am Technical College in Dschidda muss ich sagen:

Welch ein Unterschied zu meinen Erfahrungen an meiner deutschen Schule. Endlich hatte ich wieder das Gefühl, dass mein Einsatz und meine Leistungen auf fruchtbaren Boden fielen und mir Achtung und Anerkennung entgegengebracht wurden.

Alhamdulillah, Mafi Muschkila!

Umzug

Mitte Juni belud ich also den Pajero mit meinen Habseligkeiten. Computer, Musikanlage, Fernseher (inzwischen konnten wir über EutelSat immerhin schon Deutsche Welle und Sat1 empfangen), das E-Piano für meine Frau, etwas Hausrat, einige Topf-pflanzen usw. Möbel hatte ich keine zu transportieren, weil die Wohnungen bzw. Häuser grundsätzlich möb-liert waren.

Ich fuhr sehr zeitig von Dschidda weg, denn ich hatte immerhin ca. 1100 km zu bewältigen. Glückli-cher Weise waren zu meiner Zeit bereits alle Fahrzeu-ge selbstverständlich mit Klimaanlage ausgerüstet. Im Juni durch die Wüste bei gleißendem Sonnenschein stundenlang zu fahren, bedeutete ohne Aircondition leicht um die 50 Grad im Wagen. So hatte ich etwa an-genehmere 30 Grad.

Mein Pajero Diesel brachte bei Vollgas gerade mal 120 Kilometer pro Stunde. Ich kann mich nicht mehr erinnern, wie lange ich gefahren bin. Aber es ist rela-tiv leicht auszurechnen, wie lange ich (ohne Pausen) für 1100 km unterwegs sein musste. Es müssten also, ich nehme mal drei Pausen an, mindestens 13 Stunden gewesen sein.

Da in Saudi-Arabien im Sommer die Tag- und Nachtzeit etwa gleich lang ist, bin ich im Dunkeln abgefahren und wieder im Dunkeln angekommen. Dennoch fand ich mein neues Zuhause, in einem von meiner Entwicklungshilfe-Gesellschaft vollständig angemieteten Compound, relativ schnell. Er liegt nämlich, erstens nahe an einem Highway, an einem klar ausgeschriebenen Exit, und zweitens gibt es ein weiteres sicheres Merkmal: Er befindet sich unmittelbar hinter *dem* Gemüsegroßmarkt.

Genauer gesagt: direkt   gegenüber der letzten Marktreihe, in der ein riesiges Zwiebelangebot zu finden war. Deshalb war dieser Compound vor allem unter dem Begriff *Zwiebelcompound* bekannt.

Einzug

Ich besorgte mir also beim philippinischen Hausmeister den Schlüssel zu meiner Doppelhaushälfte und fiel vor Müdigkeit sofort in eines der vier Betten.

Am nächsten Morgen:

Das Haus hatte parterre eine große Küche, ein schönes Wohnzimmer mit Essbereich und eine Toilette mit Dusche. Im oberen Bereich drei Schlafzimmer und noch zwei Bäder. Zwar hatte ich das Haus schon einige Wochen vorher besichtigt, dennoch war ich am nächsten Morgen, obwohl bei zauberhaftem Morgenlicht betrachtet, ziemlich enttäuscht. Ich hatte nämlich gehofft, dass die damals von mir schon bemängelte Unvollständigkeit bzw. Zusammengewürfeltheit der Einrichtung behoben worden wäre. Nichts dergleichen!

Da fehlten Stühle um den Esstisch bzw. sie passten nicht zueinander. Eine Geschirranrichte war unvollständig.

Zwei verschiedene Sofas misszierten den Raum und so weiter und so fort. Ich war geplättet!

Da Wochenende war, konnte ich keinen Entscheidungsbefugten erreichen, außer den philippinischen Hausmeister, dem ich mein Leid und meine Enttäuschung ersatzweise vortrug.

»Mr. Philippino« erklärte mir den Zustand damit, dass das Haus ziemlich lange ohne Bewohner, ja sogar zeitweise offen gestanden hatte und es wohl während dieser Zeit als »Selbstbedienungsladen« missbraucht worden war. Mitbewohner aus anderen Häusern hatten sich Möbelstücke, die ihnen besser als ihre eigenen gefielen, einfach ausgetauscht oder gar ersatzlos mitgenommen.

Doch machte er mir Hoffnung, dass es sicher möglich wäre, aus dem Möbellager der Gesellschaft eine stimmig passende Einrichtung zusammenzustellen.

Im Laufe der nächsten Woche wurde diese Hoffnung dann auch nicht enttäuscht.

Nach einigem Möbelrücken war für meine wenigen Einrichtungsgegenstände auch schnell ein passender Platz gefunden und nach einer Woche fühlte ich mich doch schon recht wohl im neuen Heim.

Aber der Garten ... ?

Im wahrsten Sinne des Wortes wüst(e) !

Da hing eine Bastmatte an der gegenüberliegenden Wand, deren Zweck sich mir nicht erschloss. Einige Sonnenblumen standen, bei dem Sonnenlichtangebot sicher mit Recht, vor der Mauer.

Aber ohne Wasserversorgung sind auch die nicht nur mit Luft und Sonne zufrieden. Im Vordergrund fristeten einige Wandelröschen ihr karges Dasein und in der rechten Ecke kümmerten ein, zwei Sträucher, die vielleicht Bougainvilleas werden könnten. Eine Agave rundete das Wüstenportrait ab.

So konnte das auf keinen Fall bleiben!

Eigentlich ist in Deutschland meine Frau für die Schönheiten unseres Gartens zuständig. Ich mähe lediglich auf Anweisung hin Rasen. Aber sie war für längere Zeit nicht bei mir und unter diesen besonderen Umständen packte mich der Ehrgeiz (doch schon wieder einmal?), aus dieser Wüste einen blühenden Garten zu gestalten. Das brauchte natürlich etwas Geld und viel Zeit.

Meine ersten Anpflanzungen gingen, solange ich sie regelmäßig selbst gießen konnte, sehr vielversprechend an.

Dann aber kam der Sommerurlaub. Natürlich ist der in der heißesten Zeit. Ich bat unseren Hausmeister, nach meinen Pflanzen zu gucken und sie ausreichend mit Wasser zu versorgen. »*No Problem, Sir.*«

Für ihn wohl nicht, aber für mich. Denn als ich aus dem Urlaub sechs Wochen später zurückkam, war von meinen Bemühungen nicht mehr viel übrig.

Da musste ich eine andere Lösung finden. Und, da ja bekanntlich dem »Ingeniör nichts zu schwör ist«, fand sich die Lösung sehr schnell in Form einer automatischen Bewässerungsanlage.

Ich installierte einen zeitprogrammierbaren Hahn und verlegte ein Schlauchsystem kreuz und quer durch den Garten.

So konnte ich den nächsten Urlaub sorglos antreten, und tatsächlich haben sich Arbeit und Investition absolut gelohnt. Der Garten wurde dann auch über weitere Sommerurlaube hinweg immer üppiger und schöner. Ja ich möchte behaupten, nach etwa 4 Jahren hatte ich den schönsten Garten im ganzen Compound!

HUSSAM

In Anlehnung an einen bekannten Text aus der Dreigroschenoper von Berthold Brecht bzw. dessen Abwandlung nahm ich für mich folgende Moral in Anspruch:

Erst kommt das Fressen und dann erst kommt der »Dienst«!

Will heißen: Ich musste mich erst um mein leibliches Wohl kümmern, bevor ich danach meinen Dienst erfolgreich antreten konnte.

Natürlich war das auch, oder gerade in Riad, kein Problem: Eine Vielzahl von 24 Stunden durchgehend geöffneten Supermärkten gab es selbstverständlich.

Nicht, dass ich irgendetwas am vielseitigen internationalen Angebot zu mäkeln gehabt hätte (von den schon bei den Dschiddaer Zeiten genannten Einschränkungen abgesehen), aber ich dachte an etwas Besonderes, nicht alltäglich Saudisches oder Internationales: Ich dachte an Deutsches Brot, ich erinnerte mich an *Hussam*.

Schon bei meiner ersten Dienstreise von Dschidda nach Riad fragte mich der Kollege S. aus dem Bereich Elektrotechnik, der früher in Riad eingesetzt war, ob ich ihm »deutsches Brot« mitbringen könnte?

»Deutsches Brot, aus Riad?«, fragte ich verständnislos.

»Na klar doch! Da gibt es einen Laden, der heißt *Hussam* und die stellen selbst deutsche Backwaren her.«

Nun, zwei Jahre später, saß ich an der Quelle und der Gedanke an die wunderbaren, doch zeitweise sehr vermissten Leckereien, die es da gab, ließ mir das Wasser im Munde zusammenlaufen.

Und ich suchte gleich am ersten Tag dieses kleine deutsche Schlaraffenland auf. Nicht nur, dass man dort nach deutschem Rezept frisch gebackenes Roggenbrot bekam, nein, sie buken auch Laugenbrezeln und Kaffeehörnchen.

Für mich, als einem aus der süddeutschen Wurstkultur Stammenden, war natürlich auch die Wurstabteilung eine Offenbarung: Da gab es zum Beispiel Lyoner Fleischwurst, Kalbs- und Leberkäse und, deutschem Aufschnitt sehr nahekommende, andere Wurstsorten.

Der Zauberer, der diese Köstlichkeiten, eigentlich ohne die originären Zutaten, wie vor allem Schweinefett, zauberte, war ein deutscher Koch des schon erwähnten Hotels Al Khozama, der wohl auch das Metzgerpatent hatte.

Ich traf diesen Koch eines Tages und fragte ihn neugierig (denn ich metzgerte auch ein wenig hobbymäßig), wie er es denn ohne die »richtigen« Zutaten schaffte, diese Köstlichkeiten so originalgetreu herzustellen. Seine schmunzelnde Antwort war kurz und bündig: »*Alles vom Hähnchen!*« Wirklich?

DIENSTLICHES

Aus der Schilderung der Dschiddaer Zeiten könnte der Eindruck entstehen, als hätten wir Experten nur »Freizeitprobleme« gehabt. Nein, es gab auch ab und zu Dienstliches zu bewältigen. Ich möchte aber keinesfalls in technische oder organisatorische Details gehen, sondern lediglich einige Streiflichter auf bestimmte Problemfelder richten.

Ich hatte nun zwei deutschsprachige Saudis als »Gegenstücke«, die jeweils für eine bestimmte Metalltechnik – Fachrichtung als Schulinspektoren verantwortlich waren. Der eine, ich nenne ihn *Saleh*, war für den Fachbereich Maschinenschlosser mit Schwerpunkt Produktionstechnik und der andere, *Khalid*, war für die Bauschlosserei zuständig.

Wichtig wäre noch zu erwähnen, dass diese Schulen, für die die beiden zuständig waren, der niedrigeren »Facharbeiterausbildung« dienten, im Unterschied zu den Colleges, die eine höhere Technikerausbildung zum Ziel hatten.

SALEH

Für *Salehs* Bereich waren nagelneue computergesteuerte Maschinen geliefert worden, an denen nun zuerst die Lehrer und dann die Schüler unterrichtet werden mussten.

Das war meine vornehmliche Aufgabe während des ganzen ersten Jahres. Da es für diese Technologien keinerlei brauchbare Unterrichtsmaterialien gab, musste ich solche erstellen.

Die große Frage war: in welcher Sprache?

Arabisch fiel natürlich flach, also blieb nur Englisch oder Deutsch. Für mich waren beide Versionen nahezu gleich problemlos, aber es ging um die spätere Übersetzung ins Arabische für die Schülerarbeitshefte.

Die zu schulenden Lehrer hätten auch weitgehend mit einer englischen Version klarkommen können, zumal sie auch nicht viel Prosa beinhaltete, sondern technische Handlungshinweise und Aufgabenstellungen zur Programmierung der Maschinen im Vordergrund standen.

Deutsch wäre für die Lehrer jedoch wenig hilfreich gewesen, denn außer unseren Counterparts und einigen wenigen altgedienten Praxislehrern, konnte keiner Deutsch.

So fiel die erste Wahl auf Englisch und ich konnte mit den Lehrern im ersten Kurs auch recht erfolgreich arbeiten.

Nachdem die Lehrer nun sicher genug waren, ihr Wissen und Können an die Schüler im nächsten Schuljahr weiterzugeben, mussten arabische Übersetzungen für die Schülerhand her. Denn, die auszubildenden Schüler hatten nur eine mittlere Vorbildung und Dank der saudischen Methodik des Sprachunterrichts waren deren Englischkenntnisse noch weniger als rudimentär.

Da unsere »Gegenstücke« selbst nur ganz wenig Englisch konnten (sie hatten all ihre Energie ins Deutschlernen investiert), kamen sie für die Übersetzung nicht in Frage. Ein kompetenter Übersetzer musste also gefunden werden. Ein Ägypter bot sich dann auch an und übernahm die Arbeit.

Nach den Sommerferien waren die Unterlagen fertiggestellt, aber ... oh Schreck, sie waren nach der erfolgten Prüfung durch meinen *Saleh* als völlig unbrauchbar erklärt!

Der Übersetzer hatte offensichtlich keinen blassen Schimmer von der Technik, um die es in meinen Schulungsunterlagen ging.

Man kennt ja Bedienungsanweisungen, z.B. aus Fernost, die kaum zu verstehen sind, da sie offensichtlich nach einem Wörterbuch Wort für Wort übersetzt wurden, ohne die Materie zu kennen. So sahen auch meine übersetzten Arbeitsmaterialien für die Schüler aus.

Ich hoffe, ich überfordere den geduldigen Leser nicht, wenn ich hier nur ein einziges typisches Beispiel bringe:

Meine deutsche Anweisung hieß:

»Spanne das Werkstück in das Futter!«

Was genau in arabischer Sprache daraus wurde, kann ich nicht detailliert sagen, sondern nur sinngemäß das, was mir mein *Saleh* übermittelte. Daraus wurde also etwa:

»Länge das Produkt in das Essen«

Mir erscheint dieser Unsinnssatz aus heutiger Sicht selbst etwas weit hergeholt und er mag auch nicht genau so gelautet haben, aber sinnentfremdet waren 50% der Sätze wohl allemal, sonst hätte *Saleh* nicht darauf bestanden, dieses Machwerk »in die Tonne zu treten«.

Was nun? Ein anderer Übersetzer war nicht aufzutreiben. Also mussten wir jetzt, da die Lehrer schon geschult waren und es nun ausschließlich um die Auszubildenden ging, noch einmal den anderen Weg gehen. Ich musste die Unterlagen nun doch auf Deutsch schreiben, damit *Saleh* die Übersetzerei übernehmen konnte. Er kannte wenigsten die Materie und konnte mich auch jederzeit fragen.

Er übersetzte dann meist zuhause in seiner Freizeit und im Dienst klärten wir dann eventuell aufgetauchte Fragen. Der Unterricht konnte aufgrund dieser Panne dann eben erst ein halbes Jahr später einsetzen. Aber, die Übersetzung schien gelungen zu sein, denn wir haben mit dem damit durchgeführten Unterricht gute Erfahrungen gemacht.

» Alhamdulillah, mafi Muschkila«

KHALID

Innerhalb *Khalids* Zuständigkeit, der Bauschlosserei, gab es ein besonderes Problem: Es trat ein massiver Mangel an Praxislehrern auf, da viele ägyptische Lehrkräfte, per Dekret von ganz oben, das Land verlassen mussten (darüber später etwas mehr).

Er trat eines Tages an mich heran und meinte:

»Wir brauchen neue Praxislehrer für die Bauschlosserausbildung. Wir müssen eine Lehrerausbildung organisieren. Ich habe schon mit den Oberen gesprochen. Wir sollen da was ankurbeln. Und eure Organisation muss einen Ausbilder für junge Saudis, die aus dem Technical College kommen, stellen.«

Nun ergab sich der Zufall, dass ein ehemaliger Kollege, ich nenne ihn Heinrich, aus meiner Schule in Deutschland, der gerade in Afrika tätig war und dessen Vertrag demnächst auslief, an mich mit der Frage herangetreten war, ob in meinem Projekt eine entsprechende Position für ihn frei wäre.

Frei war so direkt keine, aber mir kam natürlich bei *Khalids* Anliegen sofort die Idee, für Heinrich diese Stelle zu schaffen.

Mein deutscher Projektleiter war mit der Idee auch einverstanden. Er sah sich meinen Kollegen an und erkannte ihn als für die Aufgabe kompetent. Der Vertrag wurde unterzeichnet und im Spätsommer 1997 konnte mein Kollege seine neue Aufgabe in Angriff nehmen.

Wir fingen quasi bei null an. Es gab noch keine Ausbildungspläne, keine Ausbildungswerkstatt, keine Werkzeuge und es gab auch glücklicherweise noch keine Schüler, die nach Ausbildung riefen.

Ich will nicht mit Details langweilen. Jedenfalls waren eine leere Werkstatt gefunden, Werkbänke und Werkzeuge aufgetrieben und, in Zusammenarbeit mit mir, erste Ausbildungsprojekte entwickelt worden.

Nach etwa einem knappen Jahr hätte die geplante Lehrerausbildung begonnen werden können. Nun aber, wo wir ausbilden hätten können, waren weit und breit noch keine Studenten zu sehen. Es haperte am Geld!

Es war nämlich so geplant gewesen, dass junge Collegeabsolventen aus dem Metallbereich an der Schule bereits mit Gehalt angestellt werden und innerhalb dieses Angestelltenverhältnisses ihre Zusatzausbildung zum Bauschlosserei-Praxislehrer bekommen sollten.

Zu bestimmten Zeiten der Berufsschullehrerknappheit in Deutschland gab es in verschiedenen

Bundesländern ähnliche Modelle. Der saudische Plan war also gar nicht so aus der Welt.

Nun aber fehlte schlicht und einfach das Geld, um für etwa 20 Lehrerstudenten die Gehälter zu bezahlen.

So saß also mein lieber Kollege Heinrich in seinem freundlich gestalteten Büro, in seiner wunderbar neu eingerichteten Werkstatt, mit seinen toll konzipierten Ausbildungsprojekten und hatte nichts mehr zu tun.

Er hatte aber, wie üblich, einen Zweijahresvertrag und wollte den auch nicht frühzeitig auflösen, sondern er wollte etwas *tun!*

Er schaute sich also auf eigene Faust nach einem sinnvollen Betätigungsfeld um.

Und lange konnte er ohnehin nicht mehr in seiner schönen Werkstatt sitzen, denn es wurden plötzlich Begehrlichkeiten aus einer anderen Abteilung der Schule an dieser schönen, leerstehenden Werkstatt laut. Er sollte ausziehen! Aber wohin denn um Himmels willen?

Er fand eine eigene Lösung:

Während seiner Einrichtungszeit hatte er öfters Kontakt zur Schülerwerkstatt der Bauschlosserei und erkannte schon damals, dass da so Einiges nicht ganz richtig lief.

Nachdem er nun viel Zeit hatte, ging er ab und zu hinüber und mischte sich in die Ausbildung ein.

Man nahm es ihm nicht übel, ganz im Gegenteil, man schätzte seine Ratschläge. So ergab sich dann irgendwie ganz automatisch, dass er sich einen kleinen

Schreibtisch einrichtete und ganz in diese Werkstatt umzog. Irgendwie ging das ohne großes Aufsehen.

Während einer Revision am Ende des Schulhalbjahres 1999 ist aber dann doch aufgefallen, dass Heinrich da auf einer »Planstelle« saß, für die es überhaupt keinen Plan gab. Sein Vertrag wurde also nicht verlängert und er musste endgültig ausreisen. Für ihn war das sehr enttäuschend, denn er hatte gehofft, nach seinen Auslandseinsätzen direkt in die Pension gehen zu können.

MEKKA

Um das Ausbildungsangebot der saudischen Berufsausbildung etwas zu erweitern und auch dem Arbeitsmarktbedarf etwas gerechter zu werden, schlug ich vor, zwei weitere Berufsbilder in den Ausbildungskatalog aufzunehmen.

Nach Beratungen, zuerst auf unserer Entscheidungsebene, wurden wir uns einig, dass das eine gute Idee sein könnte. Unser Projektleiter schlug diese Idee dann den oberen saudischen Entscheidungsträgern vor und tatsächlich beauftragte man mich, die nötigen Ausarbeitungen vorzunehmen.

Zuerst musste eine passende Schule gefunden, Lehrpläne erarbeitet und zuletzt die nötigen Ausrüstungen und Einrichtungen zusammengestellt werden.

Die Kapazität der meisten Schulen war jedoch ausgeschöpft. Ein findiger saudischer Mitarbeiter fand dann heraus, dass im Außenbezirk von *Mekka* vor einigen Jahren begonnen wurde, für diesen Distrikt eine Berufsschule zu bauen.

Aus uns nicht bekannten Gründen wurde diese Schule aber nie völlig zu Ende gebaut und demnach wurde sie auch nie eröffnet.

Wir bekamen also die Aufgabe und die Erlaubnis, nach *Mekka* zu fliegen, um zu prüfen, inwieweit die Schule für unsere Zwecke geeignet wäre und welche Aus- bzw. Umbaumaßnahmen dazu eventuell notwendig würden.

Unfassbar, wir »Ungläubigen« sollten tatsächlich nach *Mekka*? Natürlich nicht direkt in den heiligen Bezirk, aber ich dachte, *Mekka* wäre grundsätzlich tabu für uns. Ich kannte, von unseren Ausflügen ins Asir, nur die Zufahrt über die Autobahn und da stand das riesengroße Warnschild: »Zutritt nur für Muselmanen!«.

Nun flogen wir, Heinrich, *Khalid* und ich, also wirklich nach Mekka und besichtigten die Baustelle. Eigentlich war der Bau an sich schon weitestgehend fertiggestellt. Lediglich die Innenausstattung fehlte und das war für unsere Zwecke geradezu ideal, da wir sowieso eine völlig neue, andere, als übliche Werkstattausrüstung benötigten.

Wir flogen mit dem sicheren Gefühl nach Riad zurück: »*Das wird eine tolle neue Schule mit wunderbaren neuen Möglichkeiten!*«

Da wir nun die passende Schule gefunden hatten, konnte ich mich an die konkrete Ausarbeitung der oben genannten Aufgaben machen.

Es gelang mir, eine ganz neue Art von Lehrplan für beide Berufe zu entwerfen.

Ich plante kleinere Umbauarbeiten am Gebäude und stellte alle nötigen Werkzeuge, Werkstattmobiliar und Maschinen in Listen zusammen.

Meine Vorschläge waren von *Khalid* und *Saleh* als gut befunden und nach etwa einem Jahr war ich mit den Planungsarbeiten soweit fertig, dass wir den »*Startschuss*« zur Realisierung des »*Jahrhundertvorhaben*« von ganz oben erwarten durften.

Anstelle des Starschusses kam aber ein ganz anderer Schuss auf uns zu: nämlich ein »*Schuss in den Ofen*«! Was war passiert?

Was wir geplant hatten, war eine Berufsschule auf der Ebene der Facharbeiterausbildung. Das war scheinbar dem Distrikt-Prinzen zu niedrig. Was soll das heilige *Mekka* mit einer solchen Primitivschule? Nein der *Mekka-Prinz* wollte mindestens ein College! »*Die Schule wird zu einem College ausgebaut. Basta!*«

Da haben wir wieder den »Vorteil« von totalitären Systemen: schnelle widerspruchsfreie Entscheidungen!

Für mich bedeutete das: ein Jahr, zwar mit Freude, aber letztlich doch für den Papierkorb gearbeitet zu haben. Leider war trotz der freuden-, lehr- und erfahrungsreichen Zeit der Arbeit an diesem Projekt durch die Willkür der Entscheidung etwas an Motivation für weiteren aktiven Einsatz verloren gegangen.

Irgendwie kam der Gedanke auf: Lange wird das hier wohl nicht mehr gehen und ich bereitete mich innerlich schon auf die baldige Rückkehr nach Deutschland vor.

URLAUBSDIENST

Es wurde erwartet, dass wir unsere Counterparts auch an unserer eigenen Fortbildung in Deutschland irgendwie teilhaben lassen sollten. Zu diesem Zwecke wurden schon in zurückliegenden Jahren saudische Mitarbeiter in unserem Team im Sommerurlaub mit nach Deutschland eingeladen.

Dadurch, dass ich, wie im Kapitel *Mekka* beschrieben, angeregt hatte, zwei weitere Berufsbilder mit in den Ausbildungskatalog der Berufsschulen aufzunehmen, war ich in die Pflicht genommen, meinen beiden Kollegen von diesen neuen Berufen, bevor das Projekt jedoch abgesagt wurde, ein klareres Bild zu vermitteln. Ein dritter, der mehr pädagogisch arbeitete, sollte auch dabei sein.

Ich lud sie also für die Sommerferien auf zwei Wochen nach Deutschland ein, um dort mit ihnen entsprechende Betriebe aufzusuchen, in denen diese, für sie neuen Berufe ausgebildet wurden.

Alte Beziehungen aus meinen Berufsschulzeiten zu Betrieben in der Umgebung machten es mir relativ leicht, Besuchstermine zu organisieren.

Wir wollten dabei die Ausbildungswerkstätten besuchen und übliche Unterweisungen in berufstypische Fertigkeiten beobachten. So weit so gut!

Aus der Sicht meiner Saudis »opferten« sie für diese Fortbildung in Deutschland immerhin zwei wertvolle Wochen, innerhalb derer sie zuhause sich ausgiebig erholen hätten können. Sie wollten also nicht nur arbeiten, sondern auch etwas Urlaubsgerechtes erleben. »Dienst im Urlaub« war halt aus ihrer Sicht nicht nur Dienst, sondern auch »Urlaub im Dienst«. Und natürlich auch Freiheit von den Zwängen saudischer Lebensart.

Nun ist unsere Gegend nicht gerade dafür bekannt, dass dort der Bär tanzen würde. Klar gibt es einige Kneipen, aber keine Varietés oder sonstige größere Vergnügungsmöglichkeiten.

Einem von ihnen war scheinbar aber schon mal die Bar des kleinen Hotels, in dem ich sie einquartiert hatte, der Inbegriff der Freiheit. Jedenfalls kam er den ersten Tag nach ihrer Ankunft nicht zur anberaumten Betriebsbesichtigung. Er kam wegen eines ordentlichen Brummschädels nicht aus dem Bett.

Wir, mein Kollege Heinrich und ich, gaben unser Bestes, um die Saudis bei Laune zu halten. Er veranstaltete eine Grillparty an einem wunderbaren Waldgrillplatz. Ich gab ein Abendessen, wobei wir eine befreundete Journalistin eingeladen hatten, die über unser Projekt in unserer Lokalzeitung berichten wollte.

In der ersten Woche kamen wir auch noch ganz gut über die Runden.

Die Saudis hatten sich einen Leihwagen genommen und unternahmen auch mal nach den Betriebsbesichtigungen auf eigene Faust kleinere Ausflüge. Wohl gemerkt: Sie hatten ja während ihres Studiums so um die sieben Jahre in Deutschland gelebt.

Aber während der zweiten Woche wurde es immer schwieriger, sie bei der Stange zu halten. Mal hatte dieser, mal jener etwas Besseres vor, als einen Vortrag zu hören.

In der Mitte der Woche war ich dann bei einem Werksbesuch mit *Saleh* alleine. Und am vierten Tag machten sie mir alle klar, sie wollten auf eigene Faust die letzten 3 Tage nach Frankfurt fahren, wo etwas los sei und damit weniger Dienst, als vielmehr Urlaub machen.

Ich glaube, da hatte ich saudische Fortbildung
irgendwie falsch verstanden!

DIENST IST DIENST
UND SCHNAPS IST SCHNAPS

Im dienstlichen Umgang verstand ich mich mit meinen saudischen Kollegen ausgezeichnet. Aber privat lief erst einmal mehrere Monate überhaupt nichts.

Kein Futur (Erinnerung: das gemeinsame Frühstück), keine Roundabout-Partys, keine Hochzeit, nichts!

Ich hatte Skrupel, den ersten Schritt zu tun und meine Saudis einfach einmal zu mir in den Compound einzuladen. Aber da kam mir mein Boss zu Hilfe, indem er mir eine Bemerkung *Khalids* ihm gegenüber weitergab, die das Eis quasi brach. *Khalid* meinte:

»Der Karl ist immer so ernst bei der Arbeit, es gibt kaum ein privates Wort, oder dass man sich irgendwie einmal zusammensetzen würde ...«

Jetzt war ich fast in der Pflicht, etwas zu tun. Ich musste nur noch klären, wie das denn mit dem Anbieten meines selbst gebrauten Bieres sei. Mein Chef, der öfters mit seinen ehemaligen Studenten privat verkehrte, meinte:

»Das ist überhaupt kein Problem, im Gegenteil, die trinken ganz gerne mal einen Krug Selbstgemachtes.«

Also sprach ich für einen Abend an meine beiden Saudis die Einladung aus.

Von *Khalid* hatte ich mitbekommen, dass er gerne (ganz untypisch) auf der Laute musiziert und dazu singt. Ich bat ihn also, sein Instrument mitzubringen. Ich selbst hatte mein Sopransaxophon von Deutschland mitgebracht und ich hoffte, dass wir zusammen etwas improvisieren könnten.

Nach einigen Bierchen und netten Gesprächen über Familie und ihre Erlebnisse in Deutschland usw. griffen wir dann zu unseren Instrumenten und versuchten, zueinander zu finden.

Khalid stellte erst einmal ein paar Lieder vor und ich dachte nach einiger Zeit, den Melodiecharakter einigermaßen verstanden zu haben. Ich muss kurz erklären, dass ich seit Jahrzehnten Jazz spiele, ein relativ gutes Gehör entwickelt habe und in Improvisation doch recht geübt bin.

Nun versuchte ich, zu den arabischen Klängen passende Töne zu finden. Ich fand keine. Die gab es einfach nicht auf meinem Instrument. Die Stimmung und die Tonintervalle auf unseren Instrumenten liegen einfach anders. Eine Geige oder ein anderes Saiteninstrument, einschließlich eines Klavieres, hätte man darauf einstimmen können. Aber ein Saxophon ist durch die Anordnung seine Tonlöcher und Klappen fest gestimmt.

Schluss, aus, ging nicht! Im Gegensatz dazu, wie wir uns sonst so gut verstanden, erklangen hierbei nur Dissonanzen.

Schade, aber »*Mafi Muschkila!*«

Saleh sprach daraufhin nach einigen Wochen, als seine Übersetzung erfolgreich vollendet war, eine Gegeneinladung aus. Er lud mich, *Khalid* und noch zwei weitere Kollegen zum *Haschi*-Essen ein. *Haschi*, so erklärte er uns, sei ein junges Kamel, ein Kamelkalb sozusagen und schmecke wunderbar.

Wir liefen also dann eines Abends bei ihm zuhause ein und wurden von ihm freundlich im Besucherzimmer empfangen. Wohlgemerkt: von *ihm alleine*. Niemand sonst von der ganzen Familie war zu sehen, obwohl durchaus einige Stimmen zu hören waren.

Ich kannte das zwar schon aus Dschidda, als ich einmal den Computer eines Kollegen zuhause einrichtete, aber in diesem Fall war ich doch sehr überrascht. Wie ich doch wusste, war seine Frau mit in Deutschland und es wurden zwei seiner Kinder dort geboren.

Die älteste Tochter hatte ich sogar einmal am Telefon, als ich bei Saleh einmal zuhause anrief und sie mir im besten Deutsch erklärte: »*Es tut mir leid, mein Vater ist im Moment nicht zuhause.*«

Sie war in Deutschland noch in die erste Klasse der Grundschule gegangen.

So dachte ich, dass insofern keine Berührungsängste mehr sein dürften. Aber dem war eben doch nicht so. Zurück in der Heimat fühlten sich die Frauen wieder voll den Konventionen verpflichtet. Eine Frau darf sich einem fremden Mann nicht zeigen. Schon gar nicht im eigenen Haus.

So kam es dann eben, dass die Speisen und Getränke auf Klopfzeichen von *Saleh* hinter der Tür hervorgeholt wurden und dass wir schön gesittet unter uns Männern blieben.

Das *Haschi* war ein Gedicht und wir hatten unsere Freude.

Alhamdulillah!

SAUDISIERUNG

In der Einleitung nannte ich schon den politischen Hauptgrund für die Einführung eines industriell orientierten Berufsbildungssystems. Saudi-Arabien wollte für die Zukunft vorbeugen, damit es den Anschluss an unser Industriezeitalter nicht verpasse, wenn das Öl zu Ende gehen sollte.

Nun gab es aber noch einen weiteren Hintergrund: Die Vielzahl von ausländischen Arbeitskräften auf den verschiedensten Ebenen sollten nach und nach durch Saudis ersetzt werden.

So recht wollte aber dieser Plan bislang nicht aufgehen. Dafür gab es zwei Gründe: Erstens dachten die Absolventen der technischen Schulen eigentlich weniger daran, eine, gar körperliche, Arbeit in einem Betrieb zu übernehmen, als vielmehr einen Posten in irgendeiner staatlichen Behörde anzustreben.

Im Rückblick:

Als ich am Anfang meiner Arbeit einen altgedienten Kollegen danach fragte, was die jungen Saudis denn mit ihren Abschlüssen eigentlich anstrebten, antwortete er in seiner trockenen schwäbischen Art etwas karikierend:

»Des kann i ihna saga: De wöllet a groß Büro, an großn Schreibtisch mit zwoa Telefona und fünf Bsuchastühl.«

Aha? dachte ich damals. Aber so ganz übertrieben, wie ich dann später erfuhr, war es ja wohl doch nicht!

Der zweite Grund war, dass die Firmen diese Absolventen überhaupt nicht einstellen wollten. Denn sie waren durch ihre familiären Verpflichtungen (z.B. zwischendrin Frau beim Arzt beaufsichtigen) zeitlich zu unzuverlässig und sie waren schlicht und ergreifend zu teuer im Vergleich zu z.B. pakistanischen Mitarbeitern.

Und das ist auch verständlich: Die sozialen Konventionen verlangen von einem saudischen Mann, dass er seiner Familie eine adäquate Vierzimmerwohnung mit mindestens einem öffentlichen Besucherraum bieten kann (siehe Einladung bei *Saleh*).

Die kostet natürlich mehr als eine kleine Einzimmerwohnung, mit der eine pakistanische Gastarbeiterfamilie zufrieden ist. Auch muss, bei der normalerweise sehr hohen Kinderzahl in einer saudischen Familie, ein entsprechend großes Auto unterhalten werden. Und so weiter und so fort.

Im Laufe der Jahre hatte sich die Situation aber immer mehr zu einem echten gesellschaftspolitischen Problem ausgewachsen.

Die Stellen in öffentlichen Ämtern wurden immer knapper und die Absolventen, die nirgends mehr unterkamen, wurden immer mehr.

Ab dem Jahr 1998 wurde statistisch eine steigende Jugendarbeitslosenzahl von ca. 90000 Jugendlichen pro Jahr realisiert.

Eine »Zwangssaudisierung« musste her!

Überraschender Weise standen plötzlich junge Saudis hinter Supermarktkassen, verkauften Obst auf dem Großmarkt oder wurden als frische unerfahrene Collegeabsolventen (siehe *Isa*) anstelle erfahrener ägyptischer Praxislehrer eingesetzt.

Allgemein waren aber auch alle anderen, von Ausländern besetzten Positionen zur Disposition gestellt worden. In einem totalitär regierten Land werden solche Entscheidungen über Nacht gefällt und die Regierenden erwarten dann auch deren Realisierung, unbeschadet der Frage, ob das so einfach möglich ist oder nicht. Also, Ausländer raus!

Natürlich war das nicht so einfach und deshalb wurde auch viel gemauschelt, d.h. »illegale« Beschäftigungsverhältnisse wurden vertuscht.

Auch ich hatte diesbezüglich ein besonderes Erlebnis: Der »Ausländer-raus-Erlass« wurde vom saudischen Arbeitsministerium herausgegeben und gerade dieser Arbeitsminister hatte an unserer Kooperationsschule seinen Besuch angesagt.

Normalerweise hatte ich an der Schule direkt nichts zu schaffen, aber gerade zu diesem Zeitpunkt musste ich an einer CNC-Drehmaschine eine neue Software aufspielen.

Ich hatte mir einen kleinen Tisch vor der Maschine aufgebaut, von dem aus mein Computer mit einem Kabel mit der Maschine verbunden war.

An diesem Tischchen saß ich nun, als plötzlich ein hünenhafter Saudi auf mich zukam und sich so breit, wie er sich überhaupt nur aufplustern konnte, vor mich stellte. Er war scheinbar eine Vorhut der Ministeriumsmannschaft. Das war mir aber da noch nicht bewusst geworden.

Erst als die ganze Besucherschaft in der Werkstatt erschien, ging mir ein Licht auf, was das Arrangement bezweckte: Offensichtlich sollte er mich vor den Blicken des Ministers abschirmen, denn ich hatte ja als Ausländer hier eigentlich nichts mehr zu suchen.

Wie es der (arrangierte) Zufall so wollte, hatte ich aber just in diesem Moment eine Einstellung an der Maschine vorzunehmen, sodass ich aus seiner Deckung heraus an die Maschine gehen musste.

Ob der Minister mich dabei gesehen hat oder nicht, entzieht sich meiner Kenntnis.

Die Tatsache aber, dass ich doch noch ein weiteres Jahr meine Tätigkeit ausüben durfte, spricht eher dagegen.

FIVE MINUTES

𝕸an übertrug mir die ehrenvolle Aufgabe, für die gesamte berufliche Sekundarausbildung (Facharbeiterausbildung) eine veraltete Informations- bzw. Werbebroschüre auf neuesten Stand zu bringen.

Ich gab mich dieser Aufgabe mit viel Freude und Engagement hin, denn ich konnte hierbei meiner erworbenen Fähigkeit, die gestalterischen Möglichkeiten meines Computerprogramms voll zu nutzen, freien Lauf lassen.

Die sich im Laufe der Zeit ergebenen Änderungen in den Ausbildungsgängen mussten eruiert und danach eingearbeitet werden. Dabei modernisierte ich aber gleichzeitig das gesamte Layout der Broschüre.

Etwa zwei Monate war ich damit beschäftigt und ich war mit dem Ergebnis recht zufrieden. Auch mein Projektleiter war sehr angetan. Es wurden einige dutzende Exemplare gedruckt und soweit ich das noch verfolgen konnte, wohl auch in die höheren saudischen Verwaltungsetagen geliefert.

Wochenlang hörte ich nichts mehr davon. Weder positiver noch irgendeiner anderen Reaktion wurde ich gewahr.

Als aber dann eines frühen Vormittags mein Projektleiter auf mich zukam: »*Herr Mayer, der ‚Vice Governor' lässt mich Ihnen ausrichten, er benötige fünf Exemplare der neuen Broschüre*«, war endlich eine Reaktion sogar von ganz oben zu erkennen.

Natürlich hatte ich ein, zwei Exemplare im Vorrat. Die aber sowieso nicht reichten und zusätzlich waren mir im Laufe der Wochen doch noch einige Änderungsideen gekommen, die ich erst teilweise eingearbeitet hatte. Ich musste die angeforderten Stücke also auf alle Fälle erst drucken, wollte aber zuvor die letzten Einfälle noch mit aufnehmen. So nahm ich mir die Zeit, das alles so ordentlich durchzuführen, wie das so unsere gründliche deutsche Art verlangt. Ich war eben noch immer nicht »saudisiert«.

Da hatte ich aber die Rechnung ohne den Wirt gemacht, in meinem Fall, unser höchster saudischer Vorgesetzter.

Als nämlich am Nachmittag noch des gleichen Tages das Telefon klingelte und ich abnahm, erklang eine sehr ärgerliche Stimme:

»*Where are my brochures?*«.

Es war der *Vice Governor!*

Noch nie hatte dieser »hohe Herr« auch nur ein einziges Wort an mich gerichtet. Haben ihm meine Heftchen so gut gefallen, dass er sich nun herabließ, mir die Ehre seines persönlichen Anfragens zu erweisen? Oder hatte er seinerseits selbst Druck von irgendwoher bekommen?

Ich jedenfalls erstarrte fast und stammelte etwas von: Ich hätte ja nicht gewusst, dass das so eilig sei und ich wollte doch noch einige kleine Verbesserungen einbringen und außerdem müssten die doch sowieso alle erst gedruckt werden. Meine Argumente konnten ihn aber nicht beschwichtigen, denn er antwortete:

»*I need them now. **I give you fife minutes!**«*

Das war eine klare, wenn auch völlig unrealistische Ansage. Denn das Drucken alleine dauerte mindestens zwei Stunden. Ich versuchte, ihm das zu erklären. Aber er hatte bereits aufgelegt.

Durch diese Behandlung hatte ich zum ersten Mal - während der ganzen Jahre in den Diensten der Saudis - das Gefühl, ein Befehlsempfänger zu sein.

Bis dahin aber, wenn *Essa, Saleh, Omar, Habiballah* oder wer auch immer mich um etwas bat, war die Bitte nett, höflich und freundlich an mich herangetragen worden. Nie hatte ich den Eindruck, dass es ein Befehl gewesen wäre. Obwohl ich wusste, dass - ginge ich nicht auf die Bitten ein - ich wahrscheinlich keine weitere Vertragsverlängerung bekommen hätte. Also war ich auch da vom Wohlwollen meiner saudischen Counterparts abhängig. Aber ich konnte meine Selbstachtung mit dem Gedanken, wirklich gebraucht zu werden, aufrechterhalten.

Die aber *nun* erfahrene Art des Umgangs mit mir machte mir deutlich, dass ich, wie wir uns auch spöt-

telnd selbst öfters bezeichneten, einfach ein gut be-
zahlter »*Edelsklave*« war.

Aber die erlebnisreiche Freizeit, das andauernd
schöne Wetter und das doch recht ansehnliche Gehalt
trösteten zigmal darüber hinweg!

AUSSERDIENSTLICHES

Nein, über zu wenig Freizeit konnten wir uns im schulisch administrativen Bereich nicht beklagen. Wir hatten zum Beispiel das volle Wochenende von Mittwochnachmittag bis Freitagnacht zur freien Verfügung. Wogegen in anderen Tätigkeitsfeldern, etwa in der Hafenverwaltungsbehörde, die deutschen Kollegen auch noch am Donnerstagvormittag arbeiten mussten. Neid war uns immer gewiss!

Aber anfangs war es für mich gar nicht so einfach, in Riad meine Freizeit sinnvoll oder vergnüglich auszufüllen, ohne das Rote Meer vor der Haustüre zu haben. Immer nur Shopping war für einen Mann auch nicht so das Prickelndste.

Da waren dann die Wüstenfahrten am Wochenende, auch mit Übernachtung. Oder ein Ausflug nach Bahrain. Manchmal auch eine gelegentliche Fahrt über den 400 km breiten »Sandstrand« Riads an den arabischen Golf.

Alles recht nett. Aber so richtig schön und auch vielgestaltiger wurde es erst, als meine liebe Gattin dann für längere Zeit bei mir war und auch noch breitere soziale Perspektiven in meine Freizeitgestaltung kamen. Sie konnte, während ich im Dienst war, über gemeinsam mit anderen Frauen unternommene Aktivitäten neue Kontakte knüpfen.

Ich lernte darüber z.B. ein indisches Ehepaar kennen, wovon die Frau einen Frauenmalkurs leitete.

Oder wir bekamen netten Kontakt zu einem englischen Paar, das zusammen mit meiner Frau im gleichen internationalen Chor sang.

Der Höhepunkt der sozialen Verbindungen war aber zu einer Prinzenfamilie, über die ich detailliert berichten werde.

Die meisten der folgenden Episoden sind gemeinsame Erlebnisse zusammen mit meiner Frau. Aber zuerst möchte ich erzählen, wie ich noch als Single das Glück hatte, in diesem eigentlich musikfeindlichen Land meinem geliebten Hobby des Jazzens, ausgiebig frönen zu können.

DESERT DIAMONDS

Irgendwie kam ich schon in den ersten Wochen nach dem Einzug eines Abends am Swimmingpool mit einem netten Kollegen, der in einem anderen Projekt arbeitete, über Musik ins Gespräch. Nicht eigentlich nur über Musik im Allgemeinen, sondern es ging um aktives Musizieren.

Er erzählte, dass er Trompete in einer international besetzten *»Riad Concert Society«* spiele. Da wurde ich natürlich hellhörig, denn seit Jahren spielte ich Saxophon und das wäre doch eine wunderbare Freizeitgestaltung für mich.

Er informierte mich, dass sie in ein paar Tagen, genau am 4. Juli, zum *»Independence Day«*, dem amerikanischen Nationalfeiertag, einen Auftritt hätten. Das Fest fände etwas außerhalb Riads in einem rein amerikanischen Compound statt und ich könne gerne mitgehen und so zur Leitung des Orchesters Kontakt aufnehmen.

Gesagt, getan. Es war, wie auch nicht anders zu erwarten, ein wunderbares Feierwetter und ein Riesenauflauf an amerikanischen, aber auch anderen ausländischen Experten.

Der Kollege stellte mich der Bandleitung vor (es handelte sich damals um eine englische Lady) und ich durfte doch tatsächlich schon zur nächsten Probe kommen.

Schon nach zwei, drei Proben merkte ich aber, dass diese Blasmusik weder meinen Geschmack noch meine Eignung traf. Ich war nämlich (und bin immer noch) seit Jahrzehnten Jazzer, nicht besonders notenfest, dafür aber begeisterter Improvisator.

Das passte also gar nicht! Aber es eröffnete mir die Gelegenheit, andere Kontakte zu knüpfen. Da gab es nämlich einen englischen Trompeter, der eine Bigband leitete, die Swing spielte und sich »Desert Diamonds« nannte.

Zum Namen:

Der Name war kein reiner Fantasiename, sondern man kann tatsächlich in der Wüste durchsichtige, glasartige Steine von der Größe einer Haselnuss finden, die als »Desert Diamonds bezeichnet« werden. Es handelt sich wahrscheinlich um eine Art Bergkristall oder eine andere Art von Quarzgestein. Wir selbst haben bei diversen Wüsten-Expeditionen eine Vielzahl dieser Steine gesammelt. Ich habe sogar einen davon schleifen und, als Anhänger gestaltet, in Gold fassen lassen.

Natürlich war man erst einmal etwas reserviert meinem Anliegen gegenüber, mitspielen zu wollen. Die Band fühlte sich als eine eingeschworene englischsprachige Mannschaft und ob da ein German wohl reinpasste?

Ich passte, wie sich dann glücklicherweise nach den Sommerferien herausstellte.

Schon nach meinem ersten improvisierten Solo war ich voll anerkannt und aufgenommen.

Ja, der Bandleader war sogar so angetan, dass er mich einlud, in seiner ganz speziellen kleinen Formation, einer Jazzcombo, mitzuspielen.

Es waren vier Musiker: der Trompeter quasi als Leiter, ein Keyboarder, ein Bassist und ein Schlagzeuger. Sie waren noch nicht sehr lange zusammen, hatten sich auch noch keinen Namen gegeben und waren gerade daran die ersten Stücke einzuproben.

Der Schlagzeuger war aber sehr unzuverlässig und es war ein Glücksfall, dass gerade zu dieser Zeit ein deutscher Musiklehrer an die deutsche Schule kam, der als Hauptinstrument Schlagzeug studiert hatte. Ich konnte ihn für unsere neue Band gewinnen und damit brachen sehr erfolgreiche Zeiten an.

Wir spielten zu einer Vielzahl von privaten Geburtstagen und in verschiedenen Botschaften zu den unterschiedlichsten Anlässen. Es war eine wunderbare Zeit des Musizierens. Noch nie zuvor hatte ich in Deutschland so viele Gelegenheiten gehabt, meinem Herzenshobby zu frönen.

Und das im totalitär islamischen, musikfeindlichen Saudi-Arabien!

Es muss nämlich dazu gesagt werden, dass alle unsere musikalischen Betätigungen im religiössaudischen Sinne sündig und illegal waren. Wir konnten also nie in allgemeiner Öffentlichkeit auftreten, sondern immer nur im geschützten Raum von ausschließlich Ausländern bewohnten Compounds oder in Botschaftsräumen.

Trotzdem, oder vielleicht gerade wegen dieses Tuns im Geheimen und im Verbotenen, hat es uns ungemein Freude bereitet.

WEihNACHTSURLAUB

An dieser Stelle muss ich warnen: Dies ist die längste Geschichte dieser gesammelten Erinnerungen.

Ich habe sie schon sehr, sehr oft erzählt und immer wieder ermahnte mich Christiane: »*Mach es nicht soooo lang!*«.

Es geht aber leider nicht anders, denn es hat sich so viel Erstaunliches während dieser wenigen letzten Tage vor Neujahr ereignet. Dabei greift das eine in das andere und diese Zusammenhänge können einfach nicht kürzer stimmig erzählt werden. Ich bitte den Leser also um etwas Ausdauer!

Es begann eigentlich damit, dass sich meine Frau entschlossen hatte, ein gesamtes Jahr bei mir in Riad zu verbringen. Sie ließ sich also, in freundlicher Absprache mit ihrem Arbeitgeber, für ein volles Jahr beurlauben.

Da sie noch etwas Restjahresurlaub hatte, wollte sie schon kurz vor dem Weihnachtsfest, auch noch zum Tag meines Geburtstages, bei mir ankommen.

Nachdem wir schon einige Weihnachtsfeste in Saudi-Arabien zelebriert hatten, wussten wir, dass Feierlichkeit da nicht so richtig aufkommen mag. Keinerlei Dekorationen in den Straßen, kein Weihnachtsbaum - nirgendwo. Höchstens ein eingeschmuggeltes Plastikbäumchen im eigenen Heim (christliche Symbole sind ja verpönt).

Deshalb hatten wir uns dahingehend abgesprochen, dass ich für die Weihnachtstage einen Kurzaufenthalt in *Dubai* buchen sollte. Dort ist man auch schon auf Touristen eingestellt und tolerantere Hotels sind durchaus bereit, weihnachtliche Atmosphäre anzubieten. Das tat ich dann auch einige Wochen vor der Ankunft meiner Gattin.

Nun war aber schon das erste Kuriosum dieses Jahresendes insofern zu verzeichnen, dass es von der West- bis zur Ostküste Saudi-Arabiens, ja auch in der ganzen Golfregion, seit nunmehr drei Wochen nahezu unentwegt regnete!

Riad war teilweise überschwemmt. Unterführungen sind mehr als kniehoch zugelaufen und Autos blieben hängen. Sogar Menschen waren inmitten der Stadt in ihren Autos und auch außerhalb in Wadis der Wüste in tragischer Weise ertrunken. Es war eine Katastrophe.

Ein Anruf in Dubai und auch in Dschidda bestätigte mir das, was ich bisher von diesen Regionen nur vom Hörensagen wusste. Auch Dubai war zu großen Teilen Opfer von Hochwasser und ebenso in Dschidda regnete es unaufhörlich.

Ich sagte unsere Hotelbuchung kurzfristig ab und musste meine Liebste bitterlich enttäuschen, als sie dann am 20. Dezember hoffnungsfroh in Riad ankam.

Da saßen wir nun und überlegten, was wir denn die Weihnachtstage, auch noch ohne unsere Tochter, tun sollten? Traurigkeit schien die Oberhand zu gewinnen.

Zuerst kam mir aber dann die hoffnungsvolle Idee, doch nochmals in Dschidda anzurufen, ob eventuell eine Wetterbesserung eingetreten sei, denn so etwas an Wetter war doch eigentlich in Saudi-Arabien unmöglich. Leider war es aber doch möglich: Es regnete weiterhin.

Die letzte Hoffnung setzte ich nun nochmal in einen Anruf in den äußersten Süden des Landes an der Rotmeerküste. Ich rief im »*Hotel Hyatt*« in Jizan[13], nahe der jemenitischen Grenze an, um zu fragen, wie das Wetter denn dort sei. Es war kaum zu glauben, aber die Antwort war positiv. Die Sonne schien und es hatte so etwa an die 24 Grad im Schatten. Ein Doppelzimmer war auch frei und sofort war die Entscheidung gefallen: *Wir fliegen nach Jizan!*

Meine Frau hatte keinerlei Vorstellungen von diesem Städtchen im Süden, musste sich also voll auf meine Beteuerungen verlassen, dass es dort auch sehr schön sei. Ich konnte das aus eigener Anschauung behaupten, denn ich hatte dienstlich schon einige Male dort zu tun. Außerdem gibt es eine besondere Attraktion in dieser Region: Einige Kilometer vor der Küste

---

[13] Stadt im Südwesten, auch Jazan oder Dschazan

liegen die Farasan – Inseln. Es handelt sich dabei um eine kleine Inselgruppe, die früher der Verbannung von Sträflingen diente, heute aber ein Eldorado für Taucher mit sehr intaktem Riff darstellt.

Ein Flug war auch schnell gebucht und so kamen wir nach zirka drei Stunden tatsächlich bei eitlem Sonnenschein an und fuhren schnurstracks mit einem Taxi zu unserem Hotel.

Natürlich hatte sich Christiane unter dem Hotelnamen Hyatt ein Hotel der gehobenen Luxusklasse vorgestellt. Ich hatte nämlich nicht erwähnt (sie hatte ja auch nicht gefragt), dass es kein Hotel innerhalb der bekannten, gleich klingenden Hotelkette sei.

Der etwas verblichene Charme enttäuschte sie ein wenig. Aber das Zimmer war wenigstens sehr geräumig und auch sauber gehalten.

Unweit des Hotels war fußgängig ein kleiner abgeschlossener Badestrand erreichbar. Den suchten wir noch am gleichen Tag auf. Nun muss ich an dieser Stelle erklären, dass in Jizan, obwohl auch am Roten Meer gelegen, nicht die gleichen Gepflogenheiten herrschten wie in Dschidda.

Die Abaya war überall Pflicht, sogar am Badestrand. Obwohl wir keine Mutawas sahen, hatten wir das Gefühl, dass jeder der Einheimischen die religiösen Gesetze wohl so verinnerlicht hatte, dass jeder sie jederzeit uns gegenüber einklagen würde.

Also saß meine Hübsche nun in der Abaya in unserer abgeschlossenen Kabine, die auf einem ins Meer führenden Steg lag.

Aber, so sagte sie, es mache ihr nichts aus, denn sie wolle sowieso nicht ins Wasser gehen und im Schatten wäre es auch nicht sooo warm.

Ich schwamm ein paar Kreise und dann war auch bereits Zeit, um zum Hotel zurückzugehen.

Nun hatten wir uns natürlich vorgenommen, eine Überfahrt zu den *Farasan-Inseln* zu unternehmen. Von tauchenden Kollegen, die schon einige Male da waren, hatte ich erfahren, dass es dort einen Fährbetrieb gäbe, der einmal am Tag hin- und zurückginge.

Wir machten uns deshalb am zweiten Tag ziemlich früh an der Küste entlang auf den Weg zur Fähranlegestelle. Die Fähre sollte so gegen neun Uhr ablegen. Leider hatten wir so gar keine genaue Vorstellung, wo wir die finden konnten, denn die Erklärungen des Hotelportiers waren nicht sehr aufschlussreich.

So kam es, dass wir an einer langen Mauer vorbeigingen, hinter der wir die Anlegestelle vermuteten. Und, als eine Einfahrt mit Schranke erschien, waren wir ziemlich sicher, am richtigen Ort zu sein. Wir schlenderten also in Richtung Einfahrt, als geradewegs ein PKW aus der Ausfahrt herauskam, stoppte und uns ein im Wagen sitzender Uniformierter in sehr gutem Englisch höflich fragte, wo wir denn hinwollten. Ich schildere im Folgenden die geführten Gespräche in deutscher Übersetzung.

»Wo wollen sie denn hin, wenn ich fragen darf?«

»Ja, wir wollten gerne zur Fähranlegestelle, um zu den Inseln hinüber zu fahren.«

»*Oh, das tut mir leid. Erstens sind sie hier falsch. Hier ist der Hafen der Küstenwache. Und zweitens verkehrt die Fähre nur an Werktagen.*«

Er sah wohl unsere enttäuschten Gesichter, denn er lenkte sofort ein und sagte:

»*Aber es gibt da noch private Boote, die sind zwar etwas teurer, fahren dafür aber jeden Tag und sind auch viel schneller drüben. Steigt ein, ich fahre euch gerade mal zu deren Hafen und werde mit einem der Bootsführer für euch verhandeln.*«

Bisher kamen wir nicht zu Wort. Eine Widerrede war wohl von ihm auch nicht erwartet und er hielt uns kurzer Hand die Tür auf. Wir stiegen verdutzt ein.

Nachdem wir etwa fünf oder zehn Minuten gefahren waren, kamen wir an einem winzigen Hafen an. In ihm lag eine Vielzahl kleiner Boote mit Außenbordmotoren.

Unser Offizier sprach mit einigen der Bootsführer und kam nach ein paar Minuten zurück, indem er sagte:

»*Alles klar, morgen früh um Acht habt ihr ein Boot. Kommt wieder zum Eingang der Küstenwache. Ich werde euch abholen.*«

Er ließ es sich sogar nicht nehmen uns zum Hotel zurückzufahren, musste aber kurz bei sich zuhause vorbeischauen. Er bat uns mit ins Haus und führte uns in das traditionelle Besucherzimmer. Dort saß bereits ein Mann, den er aber dann herausbat und mit ihm irgendwohin im Haus verschwand.

Nach etwa einer viertel Stunde kam er zurück und entschuldigte sich:

»Ich hätte euch ja gerne meiner Frau vorgestellt, sie war mit mir auch in England und hätte damit keine Probleme, aber der Besucher ... ihr versteht?«

Natürlich verstanden wir: Er konnte wegen des Besuchers die Konventionen nicht durchbrechen und musste seine Frau natürlich im Haus versteckt lassen.

Er fuhr uns also dann ins Hotel und verabschiedete sich mit: »Bis morgen also!«

Am nächsten Morgen so gegen acht Uhr, es war übrigens der 24. Dezember, marschierten wir wieder zur Einfahrt der Küstenwache, meldeten uns an und warteten auf unseren neuen Freund. Wir warteten und warteten etwa eine halbe Stunde, bis endlich ein Matrose kam und mich, aber *nur* mich (Christiane musste draußen bleiben) über das Gelände, anscheinend zum Kommandotrakt, führte.

Dort wurde ich in das Büro unseres Mittelsmannes geführt und er stellte sich, heute ganz offiziell, als Adjutant des Kommandeurs des Küstenwachestützpunktes vor.

»Es dauert noch ein wenig, bis wir die Genehmigung haben, dass du rüberfahren darfst.«

Ich hatte das Gefühl, dass er nun zum Du übergegangen sei, obwohl es im Englischen diesen Unterschied nicht gibt. Aber der Ton und das fehlende Sir machten wohl den Unterschied aus.

Jedenfalls bekam ich erst Mal einen Tee und noch einen und dann noch einen dritten. Derweil war es schon halb zehn Uhr.

Meine Frau war inzwischen gebeten worden, sich bis auf weiteres in unser Hotel zurückzuziehen.

Plötzlich sprang mein Vermittler zwischen Staatsmacht und mir ins Büro. Meine Hoffnung stieg wieder. Gleich können wir los, dachte ich. Leider aber falsch!

»Mein Boss, der Captain will dich sprechen!«

Mit fiel das Herz fast in die Hose. Was habe ich denn nun falsch gemacht? Bin ich plötzlich zum Staatsfeind erklärt worden? Oder, was will der denn nun von mir?

Ich wurde also in dessen Büro geführt und sofort mit der sehr unfreundlich und herrisch klingenden Frage konfrontiert:

»Where is your Ikama?«

Nun hatte ich erst mal wieder die übliche Erklärungsnot. Ich zeigte, wie es sich in ähnlichen Fällen immer als hilfreich erwies, meinen Zauberbrief vom Wirtschaftsministerium. Er wurde schon mal wohlwollend zur Kenntnis genommen und als ich dann noch meinen Dienstpass vorzeigte, änderte sich endlich der Tonfall. Nun wurde er fast väterlich:

»Was wollt ihr denn auf diesen kahlen Inseln? Dort ist doch wirklich nichts zu sehen. Ich verstehe euch nicht. Es gibt doch schönere Flecken, zum Beispiel im Asir...«

Er wollte uns unbedingt den Wunsch, zu den Inseln zu fahren, ausreden. Warum aber?

Schon wieder Spionageverdacht? Immerhin soll's da ja auch einen militärischen Stützpunkt geben.

Ich hatte auf diese Frage keine überzeugenden Argumente, denn eigentlich war es bei uns ja auch nur Neugier und ein bisschen Bekämpfung der Langeweile. Denn was sollten wir in Jizan selbst noch Interessantes unternehmen?

Nein, Spionageverdacht oder sonst irgendwelche schlimmen Verdächtigungen uns gegenüber waren es wohl dann doch nicht. Denn, wie ich dann erfuhr war der Grund seiner Ablehnung viel trivialer:

»Ich kann euch die Erlaubnis zur Überfahrt einfach nicht geben, dazu bin ich nicht befugt.«

Warum das aber überhaupt ein Problem war, ist mir bis heute nicht klar geworden.

»Ich lasse dich jetzt zum General der Navy (Marinestreitkräfte) fahren, der hat die endgültige Entscheidungskraft.«

Inzwischen war es schon nach zehn Uhr geworden und ich hatte eigentlich schon gar keine Lust mehr zu der Überfahrt. Deshalb lehnte ich erst einmal dankend ab. Aber ich war gefangen zwischen den Mühlensteinen der Bürokratie, denn er ließ mir keine Ruhe, er bedrängte mich:

»Nein, da musst du jetzt hin!«

Er wollte möglicherweise sein schlechtes Gewissen durch die endgültige Entscheidung des ranghöheren Generals entlasten.

Eiligst wurde ich also, noch auf dem Gelände der Küstenwache, in ein Dienstauto gesetzt und schnurstracks zum nicht weit entfernten, lokalen Verwaltungsgebäude der Marine, also der saudischen Seestreitkräfte, gefahren.

Eine Treppe hoch war das riesige Büro des Generals. Oder besser gesagt, der Tanzsaal zum »Antanzen« der Untergebenen. Ein Riesenraum, an dessen gegenüberliegendem Ende ein großer Schreibtisch eines kleinen Mannes in eigentlich unscheinbarer Uniform stand. Erst nachdem ich die lange Strecke zu seinem Schreibtisch hinter mich gebracht hatte, erhob er sich und wiederholte die schon vom Captain gestellte Frage:

»Was wollt ihr denn auf diesen öden Inseln?«

Nun strengte ich mich doch etwas mehr an, um unsere Einstellung zu den Inseln positiv darzustellen. Ganz blöd wollte ich eben doch nicht vor dem ranghöchsten Militär in Jizan dastehen.

»Also, wir haben schon viel über die Inseln und ihre alten Bauten und Kulturgüter gehört. Auch soll ja das Riff wunderbar in Ordnung sein und man könne mit Glasbodenbooten sehr schön die Fischwelt beobachten. Und wir sind eben ... «, usw. usf.

Er hörte sich das alles sehr geduldig an, um aber danach die lakonische Aussage zu machen:

»Ich alleine kann die Entscheidung über eure Überfahrt auch nicht fällen. Erlaubt das denn überhaupt dein Vorgesetzter?«

Da hatten wir nun wieder das Problem, dass unser Sonderstatus nicht richtig verstanden wurde.

Unser Dienstpass erlaubte uns nämlich, im Unterschied zu Ikama-Inhabern, frei im Land (mit Ausnahme von Sperrgebieten) herumzureisen.

Ein eigener Eintrag auf der Umschlagseite bat in diesem Sinne auch alle staatlichen Organe, uns das zu ermöglichen. Und das stand da auch noch in arabischer Sprache, also eigentlich von jedem Inländer lesbar. Aber dennoch wurde von uns immer wieder erwartet, dass wir, wie Ikamaträger, einen sogenannten *travel letter* (Reisebrief) vorweisen sollten, in dem uns unser Arbeitgeber bescheinigt, dass wir die Reise in seinem Auftrag oder zumindest mit seiner Billigung durchführen dürften.

Unser Arbeitgeber (eigentlich der deutsche Staat) hatte uns dagegen, man könnte sagen, eine Generalerlaubnis zum Reisen gegeben. Oder anders ausgedrückt, er hatte uns in unserer Freizeit betreffs unserer Bewegungsfreiheit nichts zu gestatten oder zu verbieten.

Im vorliegenden Fall wollte ich aber diese Diskussion erst gar nicht anzetteln. Und so antwortete ich einfach: »*Natürlich ist mein Boss damit einverstanden, warum sollte er nicht?*«

Worauf er erwiderte:

»Weil du ja keinen *travel letter* hast.« (siehe oben)

Er hatte aber gleich eine Lösung parat:

»Du rufst jetzt deinen Chef an, bittest um Erlaubnis, auf die Inseln fahren zu dürfen und er soll mir dann ein entsprechendes Fax schicken!«

Was sollte ich mich dagegen sträuben. Kostete mich ja nichts. Bloß zweifelte ich daran, dass ich ihm die Situation, in der ich mich befand, verständlich machen könnte.

Ich rief also an und schaffte es tatsächlich, meinem Chef klar zu machen, was und unter welchen Bedingungen ich von ihm wollte. Keine Viertelstunde später ratterte das Faxgerät und ich konnte meine Reiseerlaubnis vorweisen.

Von nun an ging alles wie geschmiert. Ich wurde zurück ins Hotel gefahren. Kaum angekommen, läutete das Telefon auf unserem Zimmer. Daran eine aufgeregte Stimme:

»Wo bleibt ihr denn, wir haben alles vorbereitet. Ich schicke euch einen Wagen. Und sputet euch.«

Ich wusste nun wirklich nicht mehr, wo die Glöckchen hingen. Der Wagen stand in einigen Minuten vor dem Hotel. In rasender Fahrt ging es zum Stützpunkt der Küstenwache. Im Schweinsgalopp wurden wir (auch meine Frau!) über den Platz gejagt. Durch das Haus hindurch zu dessen Rückseite. Dort stand ein Küstenwachboot, worauf »unser« Captain mit seinem Adjutanten stand und uns wild winkte.

Wir kamen aus dem Staunen nicht heraus und bestiegen wie im Traum das Küstenwachboot, das, kaum an Bord, auch schon ablegte.

Nun, da die Verantwortung von ihm genommen war, erschien unser Captain wie ausgewechselt.

Er war, zwar noch etwas nervös, aber dennoch aufgeräumt, freundlich und erklärte uns wieder in väterlicher Art:

»Also, wir machen jetzt gleich erst mal einige Manöver für das Fernsehen Saudi I. Dazu wechseln wir, mein Adjutant und ich, auf eine Fregatte über und, wenn wir mit der Dreherei fertig sind, fährt euch das Küstenwachboot rüber zu den Inseln. Also viel Spaß dann.«

Zu meiner Frau gewandt, meinte er noch:

»Übrigens, du bist wohl die erste Frau, die je unser Gelände betreten durfte.«

Welch eine Ehre!

Plötzlich hatten sie es sehr eilig und enterten bereits die Fregatte, bevor wir uns für das, was wir eigentlich noch immer nicht richtig realisiert hatten, bedanken konnten.

Wir mussten noch eine Weile dem Manövrieren zugucken, ohne dessen Sinn zu verstehen. Kurze Zeit danach setzte sich dann auch unser Küstenwachboot in rasender Fahrt in Richtung Westen ab. Noch nie in unserem Leben sind wir in irgendeiner Weise so schnell über das Wasser, eigentlich mehr geflogen, als gefahren. Sie wollten uns wohl zeigen, was sie als Küstenwächter doch alles so draufhaben.

Nach etwa einer Stunde Überfahrt liefen wir dann in einen kleinen Hafen an einer der Farasan-Inseln ein. Und dort erwartete uns eine weitere Überraschung.

Kaum dem Boot entstiegen, kam ein jung wirkender Offizier auf uns zu, begrüßte uns sehr freundlich und erklärte:

»Ich bin der Public Relation Officer unseres Stützpunktes und habe die Freude, euch die Insel zeigen zu dürfen. Das Wachboot wartet solange im Hafen und bringt euch dann am Abend wieder zurück.«

Baff! Unglaublich! Träumen wir?

Ich will im Rückblick eigentlich nicht ernsthaft mutmaßen, dass andere Gründe als nur Freundlichkeit die *Coastguard*-Offiziere dazu bewegten, uns so zu verwöhnen. Dennoch könnte man auf die Frage kommen: Hatten sie Angst, wenn wir losgelassen würden, Dinge zu sehen, die wir nicht sehen sollten?

In diesem Moment aber machten wir uns darüber keinerlei Gedanken, sondern waren nur dankbar und glücklich!

Unser persönlicher *Public Relation Officer* widmete uns dann tatsächlich die gesamte Zeit des Tages, bis uns später um 17 Uhr das Wachboot zur Küste zurückfuhr.

In dieser Zeit fuhr er uns mit einem kleinen Geländedienstwagen über die Insel und zwar zu Plätzen, die wir alleine nicht gefunden oder unwissend, einfach nicht aufgesucht hätten.

Da gab es zum Beispiel einen sehr, sehr alten Flaschenbaum, der von den Ureinwohnern als Geisterbaum bezeichnet wurde und von dem sie glaubten, in der weit verzweigten Krone würden sich die Geister ihrer Ahnen aufhalten.

Oder er führte uns in ein, im Privatbesitz befindliches, historisches, wunderbar mit Schnitzereien und Mosaiken ausgestaltetes Haus mit Innenhof. Der Hausherr zeigte uns alle Räume und er lud uns sogar zu einem traditionellen kleinen Mittagessen ein.

Zwischendurch erzählte uns der Offizier über die Tradition der Heiratsvermittlung, wobei tatsächlich die Frauen die besseren Karten zu haben scheinen. Die junge Frau kann zum Beispiel beim ersten Antragsbesuch des Heiratswilligen - wobei sie, natürlich verschleiert, den Tee serviert - ihn inspizieren und eventuell sogar ablehnen. Er dagegen hat keinerlei Möglichkeit, seine ihm angebotene künftige Ehefrau zu Gesicht zu bekommen.

Er kauft quasi die »Katze im Sack«.

Außerdem machte er uns mit einem englischen Ornithologen bekannt, der schon einige Monate auf den Inseln verbrachte, um dort die sehr seltene Vogelwelt zu beobachten und zu katalogisieren.

Bevor wir dann, wie schon erwähnt, gegen 17 Uhr zum Festland zurückfuhren, bedankten wir uns natürlich überschwänglich, aber trotzdem ehrlich, bei diesem nicht nur freundlichen, sondern auch sehr sympathischen jungen Offizier. Wir tauschten sogar Namen und Adressen aus mit dem Versprechen, wieder voneinander hören zu wollen.

Erst bei Dunkelheit kamen wir im Stützpunkthafen wieder an. Wir bedankten uns auch freundlich bei der Bootsmannschaft (Trinkgeld zu geben ist nicht üblich und könnte gar als Beleidigung aufgefasst werden) und fanden uns nach dem Aussteigen auf einem völlig still und verlassen wirkenden Hafen Kai wieder.

Wir waren etwas verunsichert. Wo war denn nun gleich wieder der Ausgang. Wir blickten ratlos herum. Aber da sahen wir ihn auch schon auf uns zukommen: »unseren« Adjutanten des Captains.

Sofort richteten wir das Wort an ihn und bedankten uns für diesen wunderbaren Tag. Wir wollten uns natürlich erkenntlich zeigen und fingen an:

»Es wäre uns eine weitere Freude, wenn wir Sie als Gegenleistung für den wunderschönen Tag zum Essen einladen dürften. Wir wissen sonst nicht, wie wir ihnen anders danken sollten.«

Er ließ uns fast nicht ausreden und meinte:

»Nein, nein! Macht uns doch eine Freude damit, dass ihr heute Abend mit mir und meinem Chef an einer kleinen Grillparty teilnehmt. Mein Bruder hat etwas außerhalb Jizans einen schönen Garten, den können wir nutzen. Ich hole euch dann um neun vom Hotel ab!«

Da war jede Widerrede zwecklos. Wieder etwas beschämt, entgegneten wir, dass wir gar nicht wüssten, wodurch wir das alles verdient hätten usw. usf. Worauf er nur die Schultern zuckte und lakonisch meinte: *»saudische Gastfreundschaft«*.

Ziemlich pünktlich gegen 21 Uhr kam er dann persönlich chauffierend mit seinem Privatwagen und wir fuhren etwa 20 Minuten bis zu dem erwähnten Garten seines Bruders, wo die Party nun stattfinden sollte.

Wir waren die einzigen Gäste! Eigentlich hatten wir mehrere Personen erwartet, aber außer zwei ägyptischen Bediensteten, die das Grillen erledigten, war niemand mehr anwesend. Ein wenig mulmig wurde uns schon bei dieser unerwarteten Situation. Aber dieses Anfangsgefühl erwies sich als völlig unbegründet.

Die Frau des Adjutanten hatte Salate vorbereitet. Es gab Lamm vom Grill und jede Menge Pepsi.

Neben *Small Talk* erfuhren wir bei unseren Gesprächen auch, dass:

- der Adjutant in England studiert hatte und daher mit westlichen Traditionen und unserer Weltanschauung sehr wohl vertraut sei,

- der Captain fünf Kinder hatte und darauf auch sehr stolz war. Wir mit unserer einzigen Tochter standen daneben natürlich sehr armselig da, was er uns auch unverblümt zu verstehen gab,

- der Adjutant uns auch gerne seiner Frau vorgestellt hätte, aber die Konventionen eben ... leider!

So verging die Zeit doch ziemlich rasch und so kurz vor Mitternacht kam die *Mega-Überraschung* des Tages überhaupt:

Unser Adjutant verschwand für eine Weile und kam, mit dem rechten Arm hinter dem Rücken versteckt, zurück. Er lächelte verschmitzt und hob an:

»Wir wissen doch sehr wohl, dass Ihr Christen heute einen besonderen Tag habt und weil das so ist, wollen wir uns auch etwas Besonderes gönnen.« (Nur zur Erinnerung: Es war immer noch der 24. Dezember!)

Er zog den Arm hinter dem Rücken hervor und stellte eine Flasche auf den Boden, über deren Inhalt ich hier aber nichts Weiteres erwähnen möchte. Nur so viel: er passte wunderbar zu Pepsi Cola.

Nach einiger Zeit, es war nur noch ein kleiner Rest in der Flasche, meinte der Captain:

»Wir wissen doch, dass ihr Deutschen nicht gewohnt seid, nachts so lange zu verweilen, deshalb bringt euch unser Fahrer jetzt zurück zum Hotel und wir wünschen euch eine gute Nacht!«

Wir tauschten auch noch die Telefonnummern und die E-Mail-Adressen aus und verabschiedeten uns hinein in die Nacht dieses unglaublichen erlebnis- und überraschungsreichen   Tages.

Insgeheim prosteten wir unseren Freunden zum Rest des Flascheninhalts noch zu.

Die weiteren zwei Tage fielen erlebnismäßig dann natürlich weit hinter diesen einen außergewöhnlichen Tag zurück.

Wir nahmen uns einen Leihwagen und machten kleine Ausflüge ins Hinterland.

In *Kamis Muschaid* wurden wir allerdings sehr als Fremde wahrgenommen. Ich erinnere mich deshalb

überhaupt an den Namen dieses kleinen Bergstädt-
chens, da ein vielbefahrener Boulevard in Dschidda
diesen Namen trägt.

Dort wurden wir also von Kindern, wenn auch
nicht gerade aggressiv attackiert, so doch belästigt
und verfolgt.

Und meine Frau musste sich, nach einer Ermah-
nung durch einen einheimischen »Zivil« Mutawa, weitestgehend verhüllen.

Als wir wieder in Riad zurück waren, hatte sich das
Wetter nicht wesentlich verbessert und es sollte auch
ein sehr, sehr nasses Frühjahr werden.

PRINZESSIN MARIAM

Wie schon im Dschiddaer Kapitel über *Hamadi* angekündigt, soll hier nun von unseren Erlebnissen mit Mutter und Schwester unserer Bekannten *Aiza,* berichtet werden.

Wir hatten neben den Namen auch die Telefonnummer bekommen, sodass es nur eine Sache des Mutes war, den Kontakt aufzunehmen. Es dauerte daher noch einige Wochen nach dem Eintreffen meiner Frau, bis sie die Traute fand dort anzurufen.

Es erwies sich aber dann als völlig unkompliziert, denn die Mutter, die beim ersten Anruf am anderen Ende der Leitung war, freute sich über die Kontaktaufnahme tatsächlich, wie von ihrer Tochter in Dschidda auch schon angekündigt.

Sie vereinbarten auch gleich ein erstes Treffen an einem der nächsten Tage in einem bekannten, also von ihrem Chauffeur leicht zu findenden Hotel. Der holte meine Frau dann dort ab und chauffierte sie zu dem im Zentrum Riads gelegenen Stadtpalast, wo die gesamte Familie inklusive mehrerer Bediensteter gemeinsam lebte.

Er war, wie üblich, hinter Mauern gelegen und bestand eigentlich aus mehreren aneinandergebauten Häusern, die jeweils von den Frauen, dem Hausherren und dem Personal bewohnt waren.

Schon das Frauenhaus alleine war sehr geräumig mit mehreren Zimmern, wovon eines als Nagelstudio ausgebaut war, das von angestellten Philippininnen betrieben wurde.

Wir kannten bisher nur den Vornamen von Mutter und Tochter, hatten aber keine Ahnung, wer eigentlich der Ehemann der Tochter war. Das erfuhr nun Christiane bereits bei ihrem ersten Besuch und es war wieder eine der Überraschungen, die unser Leben in Saudi-Arabien so erlebnis- und abwechslungsreich machten:

Der Ehemann war ein »echter« saudischer Prinz!

Er sei, so wurde gesagt, der letzte, überlebende Sohn des ersten Königs Saudi-Arabiens *Abd al-Aziz ibn-Saud!*

Kaum zu glauben! Aber meine heutigen Nachforschungen im Internet scheinen das zu bestätigen. Immerhin kannten wir ja nun seinen Namen.

Natürlich war unsere neue Bekannte, die wir von nun an nur noch die *schöne Prinzessin* nannten, nicht die erste und einzige Frau des Prinzen, sondern die jüngste und   letztgeehelichte. Sie hatte ihm bereits drei Kinder geschenkt, und zwar zwei Söhne und eine Tochter.

Später sollten wir auch den Prinzen kurz kennenlernen. Darüber aber an entsprechender Stelle mehr.

Die ersten Male traf Christiane mit der schönen Prinzessin zum Teetrinken und *Small Talk* alleine zusammen, ohne mich. Eines Tages überraschte mich meine liebe Gattin aber mit einer Einladung der Prinzessin zu einem gemeinsamen Abendessen.

Wie schon üblich, holte uns der Chauffeur ab und wir fanden uns kurz darauf im Speisesaal des »königlichen« Hauses wieder. Die schöne Prinzessin empfing auch mich ganz unverkrampft freundlich und machte uns dann mit ihrem kanadischen Frauenarzt und dessen Frau bekannt, die ebenfalls eingeladen waren. Die zwei Kinder der Arztfamilie waren auch dabei. Die Kinder der Prinzessin waren auf der Familienfarm, die sie etwa 100 km nördlich von Riad besaßen.

Das Essen war traditionell gehalten und bei den Tischgesprächen erfuhren wir, dass alle drei Kinder der Prinzessin mit Hilfe des kanadischen Arztes, der in einem Riader Krankenhaus praktizierte, auf die Welt gekommen waren. Allerdings gab es beim letzten Jungen zeitliche Probleme.

Denn kurz vor der Entbindung erfuhr nämlich der Arzt, dass er dringend für einige Zeit nach Kanada ausreisen musste. Die Prinzessin war geschockt!

Zu keinem anderen Arzt hatte sie dieses in Jahren aufgebaute Vertrauen. Kurzerhand erklärte sie ihm:

»Dann komme ich eben zur Entbindung zu dir nach Kanada und du musst mich in einem dortigen Krankenhaus entbinden. Keine Widerrede!«

Welch ein Vertrauen, welch eine Macht?

Nach dem Essen, die Prinzessin war immer noch in bester Laune, zeigte sie uns noch einige Räume des Gästetrakts des Hauses, wobei wir eine ganz besondere Attraktion zu Gesicht bekamen:

In einem der Räume, dessen Funktion ich nicht mehr weiß, hing, quasi als Wandschmuck, eine mit Goldblech beschlagene Tür. Sie wies darauf hin und meinte:

»*Das ist ein Geschenk des Königs Faisal an meinen Mann. Es handelt sich um eine Tür aus der Kaaba in Mekka, die eines Tages gegen eine neue ausgewechselt wurde.*«

Meine Herren . . . wie kommen wir uns nur vor? Und wie hat die tunesische Mutter es geschafft, alle drei Töchter so gut zu verheiraten?

Die eine hatte einen reichen Stahlhändler, die andere einen anderen wohlhabenden Unternehmer, der in Schädlingsbekämpfung machte.

Und nun noch die dritte Tochter, die sogar einen direkten Al-Saud bekommen hat! Wir kamen aus dem Staunen nicht heraus!

Nun, auch dieser erlebnis- und staunensreiche Abend ging vorüber. Wir verabschiedeten uns und, da die Prinzessin überhaupt keinen überheblichen oder gar arroganten Eindruck machte, sprachen wir eine Gegeneinladung aus, über die sie sich sogar zu freuen schien.

Zu diesem Gegenbesuch in unserem bescheidenen Compoundhaus kamen nun auch die Kinder der Prinzessin mit. Meine beste Bäckerin hatte einen ihrer besten Kuchen, eine Käsesahne-Torte gebacken, die auf großen Beifall, sogar bei diesen verwöhnten Besuchern, stieß.

Die zwei kleineren Kinder tollten im Kinderbecken des Pools und fühlten alle sich bei uns »armen« Leuten offensichtlich wohl.

Bei dieser Gelegenheit lernten wir dann auch die 16-jährige Tochter, das älteste unter den drei Kindern, kennen. Ein ungemein hübsches Mädchen, groß, schlank und ... sehr intelligent. Sie sprach bereits außer ihrer Muttersprache ein einwandfreies Englisch und sicher ein noch besseres Französisch, denn ihre Mutter kam ja (Erinnerung!) aus Tunesien und dort ist Französisch bekanntlich quasi die zweite Muttersprache.

Außerdem erfuhren wir auch noch, dass Prinzessin *Mi* in Paris Mathematik studiert hatte.

Nun kam bei den Gesprächen heraus, dass diese junge hübsche Prinzessin auch noch sehr, sehr gerne Deutsch gelernt hätte. Irgendwie muss da ein Einfluss von dem kanadischen Gynäkologen der Prinzessin ausgegangen sein, denn der war eigentlich in Deutschland geboren und früh mit seinen Eltern nach Kanada ausgewandert. Wir konnten aber nur spekulieren.

Jedenfalls war sehr schnell die Idee geboren, dass meine Frau die ersten Versuche der 16-jährigen Prinzessin Deutsch zu lernen, doch begleiten könnte.

Und das konnte sie durchaus, denn nicht nur bei *Hamadi*, dem Cousin der jungen hübschen Prinzessin, hatte sie schon erste Erfahrungen gesammelt. Nein, sie unterrichtete inzwischen auch noch einen jungen spanischen Konsul in deutscher Sprache und hatte sich dafür auch schon entsprechendes Unterrichtsmaterial besorgt.

Nun vereinbarte man auch gleich einige Termine, an denen die junge Prinzessin per Chauffeur zu uns ins Haus gebracht werden sollte.

Schon nach den ersten Lektionen zeigte sich, dass unsere positive Einschätzung ihrer Sprachbegabung keinesfalls daneben lag. Es war erstaunlich, wie schnell sie lernte und die erlernten Vokabeln nahezu akzentfrei aussprechen konnte.

Selbstverständlich gab meine Frau auch diese Stunden ohne Bezahlung. Diese außergewöhnlichen Begegnungen waren uns schon Lohn genug gewesen. Aber die schöne Prinzessin revanchierte sich zusätzlich mit Einladungen auf ihre Farm nördlich von Riad. Wozu wir sogar, bei nachfolgenden Besuchen, Freunde mitbringen durften.

Selbstverständlich sahen wir Araberpferde auf einer Koppel. Aber was genau auf der Farm gezüchtet oder angebaut wurde, haben wir nie in Gänze erfahren.

Viel wichtiger für uns war ja auch der Aufenthalt im Farmhaus, denn dort spielten sich die interessanten Begegnungen ab.

Es war ein Atriumbau, in dessen Zentrum sich ein Glas überdachter Swimmingpool befand. Um diesen Pool herum waren dann alle weiteren Räume und Gemächer angeordnet. Die Küche schien im Kellergeschoß untergebracht zu sein, denn die Speisen kamen per Aufzug von dorther.

Wir lernten dabei auch die Uroma, aus der tunesischen Linie, kennen. Sie saß, zwar ohne merklich Anteil am Geschehen zu nehmen, im Rollstuhl zwischen ihren Urenkeln und Besuchern und schien sich, mit ihren geschätzten weit über 80 oder gar 90 Jahren, ihres Lebens zu erfreuen.

Erstaunlicher Weise konnte sie einige deutsche Worte und sprach insbesondere meine Frau an, wenn sie an ihr vorbei ging: »Wie geht's?«. Aha, daher kam vielleicht das Deutschinteresse der jungen Prinzessin?

Dann war da noch der Prinz!

Wir speisten gerade, es gab ein ganzes, mit Nudeln gefülltes Lamm auf Gemüsereis, als er plötzlich den Raum betrat. Nicht, dass er uns persönlich begrüßt hätte, er sah lediglich freundlich in die Runde, richtete irgendwelche arabischen Worte an seine Tochter, zeigte dabei auf die Speisen und war auch sehr rasch wieder aus dem Speisezimmer verschwunden.

Seine hübsche, intelligente Tochter erklärte uns danach, dass ihr Vater ein sehr, sehr stolzer, der Tradition verhafteter Saudi sei und es ihm niemals einfalle, irgendein englisches oder sonstiges fremdsprachiges Wort auszusprechen. Was er gesagt hatte, hielt sie uns aber bevor.

Ist das denn möglich? Oder könnte es sein, dass diesem, in den dreißiger Jahren geborenen Prinzen die Bildung damals verwehrt wurde? Das spekulierte ich damals, ohne der Frage natürlich konkret nachzugehen.

Bei meinen jetzigen Internetrecherchen las ich dann etwas von frühen familiären Problemen und einer erst späteren Rehabilitation. Die Gründe für die gemutmaßte Verweigerung bleiben aber auf jeden Fall Spekulation.

Durch häufigere Kontakte ergab sich im Laufe der Zeit schon fast so etwas wie ein freundschaftliches Verhältnis, das bis zur Ausreise meiner Gattin anhielt.

Dennoch fragten wir uns des Öfteren, was die Prinzessin eigentlich an uns fände oder von uns erwartete. Waren wir ihre »Hofnarren«, die ihr ihren langweiligen Alltag im Goldenen Käfig etwas beleben sollten?

Eine Äußerung, die sie einmal machte, könnte diese Vermutung bestätigen:

»Wisst ihr, ich fliege eigentlich viel lieber mit öffentlichen Fluglinien, als mit unserer Privat-Boeing. Da ist es interessanter mit anderen Leuten zusammen, als alleine in dieser riesigen Maschine, aber mein Mann sieht das nicht so gerne.«

Als ich einmal nach einer Einladung bei der Prinzessin meinen saudischen Kollegen davon erzählte, staunten sie natürlich Bauklötze. Solche Kontakte waren für sie als »Normalsaudis« genauso unvorstellbar wie für uns deutsche »Normalbürger« unvorstellbar erscheint, bei unserem z.B. Ministerpräsidenten ganz privat zu speisen.

Die Prinzessin bat meine Frau dann noch kurz vor ihrer Ausreise um Unterstützung bei der Einschreibung ihrer Tochter in Deutschkurse in einem Goetheinstitut in Deutschland. Sie hatte da eines in München im Auge.

Den weiteren Verlauf konnten wir nicht mehr weiterverfolgen, da Christiane bald darauf wieder ausreiste. Mir als Mann alleine war die Pflege des Kontakts natürlich unmöglich.

In den folgenden Jahren, als meine bessere Hälfte bis zur endgültigen gemeinsamen Ausreise für 2 ½ Jahre in Riad weilte, gaben wir den Kontakt auf. Nicht zuletzt wegen der Frage:

Welche Rolle sollen wir denn auf dieser für uns doch
   zu hohen Sprosse der sozialen Leiter spielen?

Eingeschleust

Es ist sicher bekannt, dass Saudi-Arabien nie ein Touristikland sein wollte und zwischendurch auch nur eine kurze Zeit war. Das heißt, nur mit dem Nachweis einer ganz bestimmten Berechtigung ist ein Einreisevisum zu bekommen.

Berechtigungen gibt es eigentlich nur zwei Arten:

Entweder liegt ein Verwandtschaftsverhältnis ersten Grades zu einer sich mit Recht in Saudi-Arabien aufhaltenden Person vor, oder man hat dort geschäftlich zu tun und weist eine entsprechende, vom Innenministerium bestätigte Einladung nach.

Nun trat ein befreundeter ehemaliger Kollege an mich mit dem Interesse heran, mich mal besuchen zu wollen.

Da er aber kein verwandtschaftliches Verhältnis, schon gar keines ersten Grades, zu mir hatte, blieb nur die Überlegung, welche Art von geschäftlich begründeter Einladung wir für ihn besorgen und ihn damit einschleusen könnten.

Da er inzwischen Schulleiter geworden war, also doch ein gewisses Gewicht in die Persönlichkeitswaage legen konnte, kam ich auf die Idee, ihn eventuell von der deutschen allgemeinbildenden Schule in Riad als Karriereberater für ihre nach Deutschland abgehenden Schüler einladen zu lassen.

Die deutsche Schule war quasi eine Unterabteilung der Deutschen Botschaft und so trug ich meine Idee zuerst dem Schulleiter und anschließend einem mir bekannten Ressortleiter in der Botschaft vor. Beide nahmen die Idee - sogar als nicht nur für meinen Freund hilfreich - an und leiteten das Einladungsverfahren ein.

Die Einladung wurde schriftlich genehmigt und mit diesem Schreiben, das ich ihm schickte, konnte mein Freund dann in der saudischen Botschaft, damals noch in Bad-Godesberg, das Visum beantragen.

Nach vielfachen Vertröstungen auf »*bokra*«, wenn auch auf Deutsch, bekam er buchstäblich in letzter Minute sein Visum. Das klappte aber auch nur deshalb, weil er es persönlich abholte, anderen Falls hätte er seinen Flieger verpasst. Nun kam er also glücklich, aber doch recht gestresst, in Riad an einem Mittwochabend (der Abend vor dem Wochenende) an.

Da wir ja sehr häufig an den Wochenenden in die Wüste fuhren, war also auch an diesem ein entsprechender Ausflug geplant, zu dem ich meinen Freund auch bereits mit angemeldet hatte.

Am Vormittag des darauffolgenden Donnerstags fuhren wir mit fünf Geländewagen und Ausrüstung zum Übernachten los in Richtung Süden.

Das erste Hauptziel war der sogenannte »Arc«. Eine Felsformation, die durch Eruption die Form eines Torbogens angenommen hatte.

Da die Entfernung nicht unerheblich war und die gesamte Strecke Off-road, teilweise durch losen Sand, führte, konnten wir das Ziel auf keinen Fall mehr bei Helligkeit erreichen.

Wir schlugen in einer kleinen Senke unsere Zelte auf. Da ich nur ein kleines Einmannzelt hatte, richteten wir für meinen Freund im Fond meines Pajeros eine Schlafstelle ein.

Inzwischen war es auch schon dunkel und mit der eintretenden Nacht auch wesentlich kühler geworden. Aus beiden Gründen heraus zündeten wir ein ordentliches Lagerfeuer an und gesellten uns, auf Klappstühlen sitzend, darum herum. Ein Mitglied unserer Truppe hatte ebenso einen Klapptisch mitgebracht, auf dem jeder seine mitgebrachten Leckereien anbot. So ergab sich ein vielseitiges Abendbuffet.

Da wir auch Mitglieder aus der Deutschen Botschaft unter uns hatten, standen auf diesem Buffet-Tisch dann auch adäquate Getränke, die geeignet waren, auch neben heißen Getränken, ebenso die immer weiter aufsteigende Kälte zu bekämpfen.

Nach einigen Stunden hatte jeder, aus welchen Gründen auch immer, die nötige Bettschwere und wir krochen in unsere Schlafplätze.

Am nächsten Morgen ließen wir uns Zeit und brachen nach dem Frühstück etwa so gegen ½ 10 zur Weiterfahrt auf.

Wie nicht anders zu erwarten, erreichten wir unser Ziel bei wunderbarstem Wetter und vorerst noch klarster Sicht. Mein Freund ging direkt auf Fotosafari.

Atemberaubende Felsformationen mit Unmengen von Fossilieneinschlüssen, aber auch die Weite der Wüste waren lohnende, noch nie vorher gesehene Motive für ihn.

Der meist in die Ferne gerichtete Blick, hätte ihn um Haaresbreite in ziemliche Schwierigkeit bringen können, hätte nicht eine aufmerksame Begleiterin aufgeschrien:

»Pass auf, vor dir eine Hornviper!«

Er schreckte zurück, war etwas gelähmt, sodass er ganz seine Kamera vergaß und somit die Schlange leider (oder auch glücklicherweise) genügend Zeit hatte, sich unter einem nächsten Stein zu verkriechen, bevor er ein Foto schießen konnte.

Dieses Unheil war also glücklich an uns vorübergegangen. Aber am Horizont bahnte sich ein Unheil anderer Art an: Der Himmel verfärbte sich gelbrot, ein Wind kam auf, der sich schnell zu einem Sandsturm entwickelte.

Wir flüchteten erst einmal auf die Leeseite unserer Geländewagen, um abzuwarten, wie sich das Unwetter weiterentwickelte. Es wurde nicht besser, es wurde schlimmer!

Der Sandsturm nahm solche Ausmaße an, dass die Sicht auf geschätzte 20 Meter zurückging. Ein Weiterfahren, quasi im Blindflug, wäre völlig leichtsinnig, ja selbstmörderisch gewesen. Wir hätten niemals mehr die richtige Route zurückgefunden.

Nun hatten wir aber glücklicherweise einen sehr, sehr erfahrenen Kollegen dabei, der diese Tour schon einige Male gefahren, GPS-Besitzer war und auch die Koordinaten der Streckenabschnitte bereits in sein Gerät eingespeichert hatte.

Nach einiger Zeit des Wartens, wobei der Sturm aber überhaupt keine Anstalten machte schwächer zu werden, entschieden wir, unter Führung unseres Wüstenfuchses, langsam und immer in Sichtabstand, quasi im Gänsemarsch, unter Vollbeleuchtung loszufahren.

Nach einigen Stunden nervenaufreibender Langsamfahrt, wobei man immer konzentriert auf sein Vorder- und Hinterfahrzeug achten musste, erreichten wir das angepeilte Ziel: den »Graffitifelsen.

Beim Graffitifelsen handelt es sich wohl um eine frühgeschichtliche Kultstätte. Sein Name rührt von den in den Fels eingravierten Mensch- oder Tiersymbolen her. Daneben gibt es auch noch irgendwelche Schriftzeichen.

Nun war die schlimmste und auch längste Strecke hinter uns gebracht und auch der Sturm hatte nachgelassen. Nach einer etwa zweistündigen Heimfahrt feierten wir die glückliche Rückkehr im Haus einer der Botschaftsangestellten.

Der Sand in der Kehle musste ja schließlich mit gutem deutschem Botschaftsbier hinuntergespült werden.

Der offizielle Teil des Aufenthaltes meines Freundes, der doch als Begründung für sein Einreisevisum herhalten musste, fand dann an einem Mittwochabend in einem Raum der deutschen Schule statt.

Da er Schulleiter einer großen Berufsschule mit allen möglichen Fachrichtungen und Schulformen war, erwartete man also von ihm Ratschläge darüber, welche Möglichkeiten das Berufsschul- bzw. Ausbildungswesen böte. Und zwar für diejenigen Schüler, die nach ihrer Rückkehr nach Deutschland nicht weiter auf das Gymnasium gehen und auch nicht studieren wollten.

Er stieß mit seinen Ausführungen auf großes Interesse und ich glaube, er befriedigte die Erwartungen weitestgehend und beantwortete auch anschließend noch individuelle Fragen.

Zum Ende seiner »Dienstreise« wollte mein Freund auch noch gerne das Rote Meer kennenlernen und ich flog mit ihm gemeinsam am Wochenende nach Dschidda, wo wir im Haus eines Kollegen übernachten konnten.

Natürlich stand ausgiebiges Schnorcheln am »Deutschen Strand« für ihn auf dem Programm, wobei er sich beim stundenlangen Liegen an der Wasseroberfläche, sogar durch ein T-Shirt hindurch, einen saftigen Sonnenbrand holte.

Die Hausherrin behandelte ihn zur Linderung mit einer mächtigen Quarkpackung.

Eine Einkehr in eines der »verruchten« Schischa-Lokale war ebenso ein Muss wie auch ein Dinner über dem Meer.

Ich flog dann am Freitagabend alleine zurück nach Riad, während er den Heimflug direkt von Dschidda aus antrat.

WÜSTE(N) AUSFLÜGE

Der in der letzten Episode erzählte Wüstenausflug war natürlich nicht der einzige. Nahezu jedes Wochenende suchten wir ein anderes Ziel in den weiten Wüsten Saudi-Arabiens auf.

Leider ergab sich für mich nie die Gelegenheit, mit Freunden in die bekannt berüchtigte *Rub Al Khali* Wüste, die auch *Empty Quarter* genannt wird, mitzufahren. Ich war quasi als Sicherheitsrisiko eingestuft, weil man meinem Pajero Diesel mit seinen nur 86 PS diese strapaziöse Fahrt nicht zutraute.

Dennoch »durfte« ich viele sehr schöne und auch durchaus riskante Touren begleiten. Die ins Auge gefassten Ziele hatten auch meist sehr charakterisierende Namen. Man fuhr dann zum Beispiel: »*zur Kante der Welt*«, zum »*Baum*«, zu »den *Wasserfällen*«, zum »*Kugellager*« oder zum »*Versteinerten Holz*« usw.

Die Wasserfälle hatte ich zwar nie unter Wasser erlebt, aber durch die stufige Felsformation in einem *Wadi* konnte man sich sehr gut vorstellen, wie bei Starkregen das Wasser rauschend und sprudelnd herabfällt.

Überschwemmte *Wadis*, die zu reißenden Flüssen werden, sind sicher auch bei Nichtwüstenfüchsen zumindest vom Hörensagen bekannt.

Leider musste ich bei einem Ausflug miterleben, dass, anstatt Wasser, Christiane eine Wasserfallstufe (nur ca. einen dreiviertel Meter) hinunterstürzte. Glücklicherweise hat sie sich dabei nur ein wenig den Köchel verstaucht. Ihr schoss dabei, wie sie mir hinterher sagte, durch den Kopf: »*Hoffentlich ist meine Krankenversicherung in Saudi auch gültig!*«

Das Kugellager stellte dagegen ein Areal dar, auf dem sich fest zusammengebackene Sandkugeln in der Größe von Murmeln bis hin zu Tennisbällen fanden.

An vielen Plätzen mochte das Sammlerherz manches Kollegen, mancher Freundin höherschlagen, wenn wir z.B. ausfuhren, um prähistorische Pfeilspitzen, Haifischzähne, Sandrosen oder Saudi-Diamanten zu suchen.

Prähistorische Pfeilspitzen kann man an Senken finden, die den Eindruck machen, als könnte dort vor Jahrhunderttausenden einmal ein See gelegen haben. Und wenn man welche dort findet, entsprechen sie genau der Form, etwa mit Widerhaken, wie sie zum Fischen verwendet wurden.

Die sedimentäre Meeresbodenstruktur der saudischen Wüste birgt in der Tat eine Vielzahl von fossilen Meerestieren: Muscheln, Schnecken und eben auch voll erhaltene Haifischzähne.

Aber man fuhr auch aus reinem, übermütigem Vergnügen und aus Abenteuerlust tief in die Sanddünen hinein. Meine Frau fragte einmal die damals etwa sechsjährigen Zwillinge eines Kollegen:

»Was macht euch denn am meisten Spaß bei den Wüstentouren?«

Die begeisterte Antwort darauf war:

»Das Steckenbleiben!«

Und in der Tat verlief wohl kaum eine Tour durch die Sanddünen, ohne dass einer der Mitfahrer steckenblieb.

Da hieß es dann: Sandleitern raus, graben, drücken oder eventuell, wenn vorhanden, mit der Seilwinde ziehen.

Ich kann mich an einen Fall erinnern, bei dem sogar unser Rudelführer, übrigens der Vater der oben zitierten Zwillinge, in einer tiefen Senke aus weichem Sand hängenblieb.

Es dauerte wirklich Stunden, in denen wir vergeblich versucht hatten, ihn mit Hilfe von unterlegten Sandleitern, mit Graben und Drücken wieder flott zu bekommen.

Erst der beherzte Versuch eines Kollegen, ihn vom oberen Rand der Senke, mit Hilfe eines langen, langen an der Achse seines starken Nissan Patrol befestigten Seils mit Motorkraft herauszuziehen, führte zum Erfolg.

Mir selbst passierte einmal ein Ungeschick der besonderen Art, von dem, wie ich glaube, Kollegen heute noch erzählen:

Wir waren wieder einmal mit etwa fünf Wagen unterwegs. Bei der Heimfahrt kamen wir durch ein Wadi, dessen Untergrund eine treibsandähnliche Konsistenz hatte. Wir mussten also erstens Luft ablassen, um die Auflagefläche zu vergrößern und zweitens mit »voller Pulle« versuchen, die Strecke zu durchrasen um dennoch nicht einzusinken.

Jeder raste also, in diesem Fall ohne Rücksicht auf die anderen, durch diese etwa 500 Meter lange Strecke.

Unser sich schon zigmal bewährter Kollege, der mit dem GPS, fuhr hinter mir her und wollte mich gerade überholen (Erinnerung: Ich hatte den schwächsten Wagen), als ein lauter Knall zu hören war. Ich wusste zuerst nicht, kam der von meinem Überholer oder von meinem Wagen?

Die einsetzenden Schlingerbewegungen machten mir aber klar, es musste von meinem Wagen gekommen sein: Ein Reifen war geplatzt.

Ich dachte natürlich zuerst: »*Nur nicht anhalten, du kommst nie mehr wieder weg!*«.

Aber der zerfetzte Reifen schlug mit lautem Getöse gegen den Radkasten, sodass ich Angst hatte, dass noch viel mehr kaputt gehen könnte.

Ich hielt an!

Mein alterfahrener Überholer sah wohl im Rückspiegel, dass da etwas nicht stimmen konnte (möglicherweise hatte auch er den Knall gehört), hatte scheinbar keine Bedenken zu wenden und kam zu mir zurückgefahren.

Ich hatte inzwischen die Bescherung in Augenschein genommen und knöpfte bereits die Abdeckung zu meinem an einer Vorrichtung am Heck befestigten Reservereifen ab. Gerd (ich nenne ihn nun doch bei seinem wirklichen Namen, denn er hat es verdient) kam auf mich zu geschlendert und meinte gerade: »*Na du machst ja Sachen*«, als wir beide zur gleichen Zeit die Katastrophe erkannten: Der Reservereifen war aufgeschlitzt, also ebenfalls völlig drucklos!

»*So*«, dachte ich im ersten Moment, »*jetzt kannst du die Kiste gleich hier verschrotten. An ein Herauskommen ist hier wohl nicht mehr zu denken!*«

Aber Gerd behielt, aufgrund seiner jahrelangen Erfahrung und sicher schon vieler durchlebter prekärer Situationen, einen kühlen Kopf und meinte zuerst:

»*Du kannst jetzt mit mir bis zur nächsten Tankstelle fahren, wir lassen einen neuen Schlauch einziehen und kommen dann wieder zurück. Kostet etwas Zeit, könnte aber heute noch klappen.*«

Ich war sehr skeptisch, ob das heute wirklich noch klappen könnte. Und welch ein Aufwand!

Mir kam eine andere Idee. Ich schlich um Gerds Wagen herum, um nach seinem Reservereifen zu schielen. Der war natürlich ordnungsgemäß prall aufgepumpt.

Da ich wirklich ein sehr gutes Augenmaß habe, versuchte ich abzuschätzen, ob der Lochkreis der Radschrauben etwa passen könnte.

Die Schraubenanzahl war schon mal übereinstimmend. Ich glaubte, es könnte passen und teilte Gerd meine Idee mit.

Jetzt war er skeptisch, aber nach einem prüfenden Blick meinte auch er: »*Könnte tatsächlich hinhauen!*«

Wir montierten erst das platte Rad von meinem Pajero ab und durch Nebeneinanderhalten der beiden Räder wurden wir uns schon sicherer, dass wir Erfolg haben könnten.

Zwar waren die Reifengrößen unterschiedlich, seine Bereifung war etwas höher und ebenso breiter, aber die Felgenbefestigung passte tatsächlich!

Nach etwa einer guten halben Stunde hatte mein Pajero Gerds Rad an sich und war anschließend mit viel Gefühl am Gaspedal tatsächlich wieder flott zu kriegen. Das Rad drehte frei durch. Aber es muss ein unmögliches Bild gewesen sein, wie mein Wagen, wegen der unterschiedlichen Raddurchmesser auf der Hinterachse, in einer verheerenden Schieflage daherkam.

Der Rest der Truppe hatte nicht so richtig mitgekriegt, was da eigentlich passiert war. Sie warteten an der ersten Tankstelle, an der sie sowieso die Reifen wieder auf Volldruck aufpumpen wollten.

Zuerst sahen sie natürlich, wie schief ich daher geschoben kam und lachten sich erst einmal krank. Als wir ihnen dann erzählten, was geschehen war, hatte ich den - zwar gutmütigen - Spott zu ertragen.

Gerd aber bekam Anerkennung wegen seines entschlossenen Handelns.

IN LETZTER MINUTE

Die folgende Episode gründet eigentlich auf einem sehr traurigen Ereignis: Sie hängt mit dem Tod meiner Mutter zusammen. Dennoch möchte ich sie hier erzählen, weil sie typisch für Erfahrungen ist, die ich immer wieder mit staatlichen Organen in Saudi-Arabien gemacht habe: *Anfangs geht gar nichts, plötzlich geht alles sehr schnell!*

Meine Mutter litt seit geraumer Zeit an einer sehr belastenden, unheilbaren Krankheit. Es war Ende November, als Christiane mich anrief und mitteilte, dass meine Mutter ins Krankenhaus eingeliefert worden sei, und dass die behandelnde Stationsärztin die Lage als sehr ernst dargestellt habe. Am besten sei, wenn ich so schnell wie möglich käme. Es könne sein, dass wir von meiner Mutter für immer Abschied nehmen müssten.

Nun wäre es mit meinem Ein-/Ausreisevisum im Pass überhaupt kein Problem gewesen, nach Deutschland auszureisen, hätte ich ihn denn zur Hand gehabt. Da aber just in diesen Tagen mein Pass zur Verlängerung des Visums zum Innenministerium geschickt worden war, hatte ich nur eine Sicherungskopie und damit war kein Ausreisen möglich.

Einen Flug zu bekommen, war kein Problem, da täglich Flüge gingen, aber ich musste einen Pass und zwar mit dem entsprechenden Eintrag vorzeigen können.

Der erste Gang war zur Deutschen Botschaft. Glücklicherweise kannte ich die Bedienstete, die für Passausstellungen verantwortlich war, privat recht gut und sie half mir sofort postwendend. Innerhalb einer halben Stunde hatte ich einen nagelneuen, allerdings ganz normalen grünen Reisepass (Pässe waren damals sowieso noch keine Hochtechnologieprodukte). Was ihm allerdings völlig fehlte, waren die entsprechenden Visumseinträge.

Der nächste Schritt war daher schon etwas komplizierter. Es ging also darum, das zur Aus- und anschließenden Wiedereinreise nötige Visum zu bekommen und dafür war, wie schon gesagt, das saudische Innenministerium zuständig, in dem in irgendeinem Büro versteckt mein zu verlängernder Pass lag.

Ich wandte mich an unser Zentralbüro mit der Bitte, mir bei diesem Behördengang doch behilflich zu sein. Sie stellten mir daraufhin ihren arabisch-, aber auch englischsprechenden ägyptisch-nubischen Fahrer zur Seite.

Erstens wusste der wo das Innenministerium ist, mit dem ich bisher persönlich überhaupt nichts zu tun hatte und zweitens konnte er mein Problem jedem, auch eventuell unteren Bediensteten, in Arabisch erklären und meine damit verbundene Bitte vortragen.

Zuerst musste aber auch er herausfinden, wo der zuständige Hoheitsträger zu finden war. Wir wurden an eine bestimmte Zimmernummer verwiesen und klopften. Nichts! Nochmaliges Klopfen, wieder nichts. Nach dreimaligen Versuchen glaubten wir, das Zimmer sei leer und wollten uns davon überzeugen.

Wir öffneten vorsichtig die Tür, die tatsächlich nicht verschlossen war und sahen eine am Schreibtisch hinter einer Zeitung versteckte Person.

Wir traten ein und erst einige Sekunden später lugte die Gestalt, nun als eine in vollem saudischen Ornat erkennbare Person, unfreundlich hinter ihrer Zeitung hervor und bellte zuerst mich in Englisch an: »*What do you want?*«, und wandte sich dann in Arabisch an meinen ägyptisch-nubischen Begleiter.

Dieser bemühte sich nun, die Problematik zu vermitteln. Bei mir entstand allerdings der Eindruck, als würde oder wollte der Angesprochene nicht recht verstehen, um was es da wirklich ging. Das bestätigte sich dann auch dadurch, dass er sich an mich mit der grundsätzlichen stereotypen Frage wandte: »*Where is your Ikama?*«

Ich zog meine Dienstpasskopie hervor und erklärte, dass ich keine Ikama habe und auch nie hatte.

Dass aber leider mein Originaldienstpass, der jede Ikama überflüssig mache, hier irgendwo in diesem Ministerium läge.

Dass mein Pass hier liegen sollte, kam ihm möglicherweise verdächtig vor, denn er fragte etwas aufgebracht, wieso der da denn überhaupt läge.

Als dann die Verlängerung des Visums als Grund genannt war und er wohl erkannte, dass das nun doch in Arbeit ausarten könne, änderte er die Strategie und verwies auf die Uhr. Jetzt wäre sowie die Dienstzeit gleich zu Ende und wir sollten doch »Bokra« wiederkommen.

Nun ging aber mein gebuchter Flug bereits in dieser Nacht und ich konnte mich mit dieser Abfuhr nicht zufriedengeben. Wir fragten nach der nächsten Hierarchieebene.

Wir bekamen tatsächlich den Namen und die Zimmernummer des Vorgesetzten und mussten natürlich mit dem Aufzug in eine höhere Etage fahren.

In dem Zimmer der oberen Etage wurde scheinbar gerade eine Konferenz abgehalten, denn mehrere Saudis saßen darin und palaverten. Ob es tatsächlich eine Konferenz oder nur eins der, in solchen Büros sehr häufig abgehaltenen, Plauderstündchen war, erschloss sich mir in der Situation nicht.

Zuerst erklärte mein Nubier seine Sicht des Sachverhaltes. Und anschließend wurde ich in recht gutem Englisch aufgefordert, meine Version darzustellen.

Im Wesentlichen schienen beide Versionen sich zu ähneln, lediglich im Punkte des Todeszeitpunktes meiner Mutter unterschieden sie sich. Mir wurde entgegengehalten, dass der Nubier behauptet hätte, meine Mutter sei schon gestorben, wogegen ich jetzt erkläre, meine Mutter wäre dabei zu sterben.

Ich machte klar, dass meine Version die richtige und für mein Anliegen die einleuchtendere sei, denn, wenn meine Mutter schon gestorben wäre, müsste ich es nicht so eilig haben, um mich noch von ihr verabschieden zu können. Eine bereits tote Mutter nämlich könnte eine Ewigkeit warten.

Diese Argumentation leuchtete scheinbar ein, denn plötzlich kam Leben in die Gesellschaft. Telefonate wurden geführt und wir wurden an einen Stempelgewaltigen verwiesen, der mit bereits angefeuchtetem Stempel auf uns wartete, um ihn, mit anschließender Unterschrift versehen, in meinen Pass zu drücken.

So bekam ich buchstäblich nicht nur innerhalb der letzten Dienstminute, sondern sogar noch nach einer ziemlich langen Dienst-Verlängerungszeit mein dringend zur Ausreise benötigtes Visum.

Ich traf meine Mutter noch in einem geistigen Zustand an, in dem sie mich auch freudig erkannte und ich mich gebührend von ihr verabschieden konnte.

In der gleichen Nacht ist sie dann verstorben.

FREUNDSCHAFTS-SPIEL

$\mathfrak{M}$ein allererstes und auch gleichzeitig letztes und daher einziges *live* erlebtes Fußballmatch fand für mich in Riad statt.

Es war eine besondere Situation in der nämlich die deutsche Nationalmannschaft, vom Oman kommend, in Riad Zwischenstation machte, um mit der saudischen Mannschaft oben besagtes Freundschaftsspiel zu bestreiten.

Unter den deutschen Fußballfans war eine unheimliche Aufregung ausgebrochen, die sogar auf mich Un-Fußballer übergriff.

Aus allen Landesteilen fuhren und flogen unsere deutschen Landsleute zu uns nach Riad, um an dem Spiel teilzuhaben. Man musste einfach dabei sein.

Auch ich! Schon bloß mal aus Neugierde, um dieses monumentale Stadion, das man beim Vorbeifahren immer prangen sah, von innen zu sehen.

Riad besitzt nämlich in der Tat ein wunderbares, großes und modernes Stadion, das jedoch während meiner Zeit scheinbar nicht sehr oft genutzt wurde.

Allerdings, wie man so hörte, hätte es keine Damentoiletten eingerichtet, denn wofür auch, Frauen haben da sowieso nichts verloren.

Nun fand aber erstmals ein derartiges Spiel statt, zu dem Westler samt *Frauen* und Kindern aus allen Richtungen anströmten! Sogar Christiane zeigte Interesse daran mitzugehen, obwohl das, schon aus dem genannten Toilettenproblem, gar nicht so einfach erschien. Außerdem erwarteten wir, dass wir dort nicht zusammen auf einer Tribüne stehen dürften, denn was kann denn da so alles passieren, wenn Männlein und Weiblein sich so eng aneinander reiben.

Erstaunlicher Weise sprangen aber die saudischen Ordnungshüter über ihren Schatten und richteten eine Seite des Stadions nur für Westler ein und ebenso wurden Toilettencontainer für unsere Frauen aufgestellt.

Auf dieser Tribüne durften wir also zusammen mit unseren Ehefrauen, oder mit allen, die sich als solche ausgaben (erstaunlicher Weise wurde nicht überprüft), dem Spiel folgen. Auf der gegenüberliegenden arabisch-muslimischen Seite standen natürlich nur Männer!

Da kein Alkohol ausgeschenkt wurde und sich auch niemand traute, einen ins Stadion einzuschmuggeln, war die Atmosphäre für ein Fußballspiel sehr ungewöhnlich, aber für meinen Geschmack geradezu vorbildhaft.

Es wurde nicht gegrölt, keine Schimpftiraden herausgebrüllt und nicht mit Flaschen oder anderem geworfen.

Dennoch wurde die Stimmung, auch ohne Bier, bereits nach dem zweiten Tor der deutschen Mannschaft recht ausgelassen. Als dann auch noch ein drei zu null erreicht war, wurde es mir langsam peinlich. Nach dem vierten Tor fragte ich mich, ob diese Demütigung nun wirklich notwendig war.

Wie werden mir meine saudischen Kollegen morgen begegnen? Werden sie eine Revanche von mir fordern?

Meine Sorge war unbegründet, denn wie schon erwähnt, waren meine saudischen Kollegen - aufgrund ihres in Deutschland absolvierten Studiums und ihres Verstehens unserer Lebensart - ziemlich germanophil eingestellt.

DRITTER OKTOBER

Einmal im Jahr bezeugte unser Deutscher Staat uns Auslandsbürgern seine Loyalität. Er lud uns am dritten Oktober in seine Botschaft zum Fest der Deutschen Einheit ein.

Aber nicht nur Deutsche aus dem ganzen Land waren dazu eingeladen, nein, auch saudische BürgerInnen und solche anderer Nationen, die ein ganz besonderes Verhältnis zu unserem Staat hatten, wurden dazu gebeten. Sei es, dass sie diplomatische oder gewichtige geschäftliche Beziehungen unterhielten oder ob sie einige Jahre in Deutschland studiert hatten. Jedenfalls war es ein Völker zusammenführendes Ereignis von enormer Bedeutung.

Es gab einige kurze rednerische Einlagen, dafür aber umso längere Buffets und Getränkelisten. Sicher war es so, dass einige der Gäste nur wegen des guten deutschen Bieres gekommen waren. Wegen des oft servierten Leberkäses vom Schwein kamen jedoch saudische Bürger sicher nicht, dafür rückten deutsche Staatsbürger deshalb aber umso lieber an.

Aus beiden Gründen heraus war auch mir dieser Dritte Oktober ein wichtiges Datum, einem aus einer Wurst- und Bierkultur stammenden Bajuwaren.

Sicher erkannte die auf mich zusteuernde saudische Dame an der Haltung meines Bierglases und dem Gebrauch des süßen Senfes den Bajuwaren in mir, denn sie sprach mich in sicherem, mit leicht süddeutschem (oder war es ein österreichischer) Akzent an:

»Sie sind sicher der Herr Mayer aus Bayern.«

Natürlich war ich baff. Erstens, dieses akzentfrei gesprochene Deutsch und zweitens: *»Woher kennt die denn meinen Namen?«*

Als ich sie nach beidem fragte, erhielt ich folgende Aufklärung:

»Also, erstens habe ich einen Deutschkurs in Prien am Chiemsee gemacht und zweitens gibt es da ja die Luci mit ihren Memnun, die doch, genau wie Sie, aus München kommt. Die hat mich auf Sie aufmerksam gemacht.«

Wir unterhielten uns eine Weile, wobei wir feststellten, dass wir beide nur eine Tochter hätten (für saudische Verhältnisse sehr ungewöhnlich), dass sie *Afifa* heiße und dass meine Frau, die leider zu der Zeit wieder in Deutschland war, etwa in ihrem Alter sei.

Sie zeigte auch Interesse daran, meine Liebste kennenzulernen, wenn sie wieder nach Riad käme.

Einige Monate danach, im nächsten Frühjahr also, kam dann der erste Kontakt zwischen ihr und meiner Frau zustande.

Irgendwie verstanden sie sich auf Anhieb. Und das ist natürlich nicht nur sprachlich zu verstehen. Nein, sie kamen sich sehr schnell emotional nahe.

Afifa war übrigens Kinderärztin, die nach ihrem Deutschkurs in Prien in Wien ihr Studium absolvierte und dort ihren ebenfalls saudischen Mann kennenlernte, der dort sein Studium der Agrarwissenschaft mit einer Promotion zum Abschluss brachte.

Ich hatte die Freude, auch ihn kennenzulernen, nachdem sich das Verhältnis zwischen Afifa und meiner Frau zu einer echten Freundschaft entwickelt hatte. Wir wurden nämlich dann des Öfteren zu gemeinsamen Abendessen eingeladen.

Ich kann mich noch sehr gut an eine wunderbare, international besetzte Geburtstagsparty erinnern. Auch das war schon eine Besonderheit, denn wie ich erwähnte, wird normaler Weise kein individueller Geburtstag gefeiert. Bei diesem Fest kam plötzlich die Idee auf, jede/jeder solle das inzwischen der Melodie nach international bekannte englische Lied »*Happy birthday to you*« in seiner Landessprache singen. Ein Heidenspaß! Wir mussten tatsächlich zuerst einige Minuten nachsinnen, bevor wir uns an unseren deutschen Text erinnern konnten.

Die beiden Frauen entdeckten dann auch nach einiger Zeit ihre gemeinsame Liebe zu Yoga. Sie übten zusammen und kamen sogar auf die Idee, Kurse für andere saudische Frauen in den Praxisräumen von Afifa anzubieten.

Darüber hinaus bekam Christiane durch sie auch weitere Kontakte zu anderen arabischen Frauen und sogar deren Familien. Sie wurde zum Beispiel von Afifa in eine Familie vermittelt, in der sie einer der Töchter Nachhilfe in Englisch geben durfte.

Sie half sogar einer jungen Journalistin (ja, so etwas gibt es im Land der nicht-Auto-fahrenden Frauen!) beim Lernen für den TOEFL-Test (*Test Of Englisch as a Foreign Language*), um die Aufnahme in eine englischsprachige Universität zu erlangen.

Diese wunderbare Freundschaft hielt bis zu unserer gemeinsamen Ausreise.

KLEINE WELT

Im letzten Kapitel habe ich eine Luci erwähnt, die wie ich aus München kam und den Saudi *Memnun* als Mann hat.

Wir haben die beiden eines Abends im Rahmen einer Happy Hour, die regelmäßig in der Deutschen Botschaft stattfand, kennengelernt. Natürlich fiel uns, über Meter hinweg und durch den Lärm der Unterhaltungen hindurch, sofort gegenseitig unser bayerischer Akzent auf und wir gingen aufeinander zu. Dass wir auch noch die gleiche Heimatstadt und das gleiche Geburtsjahr haben, war des Zufalls schon fast zu viel: Es musste Vorsehung sein!

Wir waren uns, meine Frau und ihren Mann mit einbezogen, auf Anhieb sympathisch und verabredeten uns zu mehreren Gelegenheiten.

Während einer der Unterhaltungen, natürlich erzählte man sich aus seinem Leben, seiner Biographie, wurde klar: Die beiden hatten sich in den 60er Jahren in München während seines Medizinstudiums kennengelernt.

Sie haben noch in Deutschland geheiratet, zwei Töchter bekommen und er hat seine Facharztausbildung in einem Krankenhaus unfern unseres jetzigen Wohnorts in Deutschland absolviert.

Während dieser Zeit seiner beruflichen Ausbildung hatten sich die beiden ein Haus in einem Nachbarort gekauft und auch einige Jahre bewohnt.

Als wir sie kennenlernten, lebten sie allerdings bereits über 30 Jahre in Riad und er hat dort eine beispiellose Karriere als Chirurg gemacht.

Nachdem sie nach Saudi-Arabien gingen, hatten sie das Haus in Deutschland allerdings nie aufgegeben. Luci und Memnun kamen und kommen immer wieder in regelmäßigen Abständen her, um einige Wochen in ihrer zweiten Heimat zu verbringen.

Eines Tages, als meine Fau, wir waren schon längst wieder in Deutschland zurück, eine Zugfahrt unternahm, winkte ihr plötzlich ein freundlich, verschmitzt lächelnder älterer Herr vom Kölner Bahnsteig aus zu und stieg in ihren Waggon. Sie konnte ihn, in der kurzen Zeit des Sehens auf dem Bahnsteig, nicht richtig einordnen. Erst als die Tür aufging und der freundliche Herr das Abteil betrat, erkannte sie ihn: Es war unser saudischer Freund Memnun. Er war auf einem Ärztekongress in Berlin und wollte bei dieser Gelegenheit mal kurz nach seinem Haus gucken. Wie klein die Welt doch manchmal ist!

Eine andere Begebenheit, die für uns die Welt ebenso klein erscheinen ließ, ereignete sich folgendermaßen:

Elli, die Frau unseres schon zweimal erwähnten Wüstenfuchses, veranstaltete für die deutschen Frauen aus den verschiedenen Compounds Riads Gymnastikstunden.

Meine Frau nahm daran teil und sie kamen während einer dieser Übungsstunden ins Gespräch, wobei Christiane Elli fragte, wo sie denn in Deutschland zu Hause sei.

»Ach, das kennst du ja sowieso nicht. Ein ganz winziges Örtchen.«

So schnell ließ sich Christiane aber doch nicht abwimmeln und hakte nach.

»Ach, ich kenne so einiges und wenn schon, es interessiert mich halt.«

»Na gut, es ist XYZ-Burg.«

So wie mir meine Gemahlin erzählte, bekam sie fast einen Lachkrampf: Der Ort, den Elli nannte, liegt nur ca. 8 km von unserem Wohnort entfernt!

Nun sind wir seit langem zurück in Deutschland und im Sommer während ihrer Urlaubszeit sehen wir uns immer wieder in diesem kleinen unbedeutenden, nicht erwähnenswerten Ort.

Und, im Herbst, wenn sie nicht im Lande sind,
ernten wir deren Äpfel.

BAHREIN

Wenn die Sehnsucht nach etwas mehr westlicher Kultur zu groß wurde, dann war man »*reif für die Insel Bahrain*«.

Für ein vergnügliches Wochenende in *Manama* nahm man gerne mal eine Fahrt von etwa 450 km Autobahn, oder anders gesagt, von ca. sechs Stunden auf sich.

Für die Überfahrt zur Insel hatten Saudi-Arabien und Bahrain den 26 Kilometer langen (allerdings von Saudi-Arabien voll finanzierten) *King Fahd Causeway* gebaut, der über zwei Brücken, mehrere Dämme und eine künstliche Insel führt, die auf der Hälfte der Strecke aufgeschüttet wurde.

Westliche Kultur hieß für uns natürlich vor allem: ein kühles Bier unter Palmen zu genießen, aber auch wieder einmal von netten, jungen, gesichtsunverhüllten Verkäuferinnen bedient zu werden. In Saudi-Arabien dagegen stehen einem eben nur, und zwar ausschließlich, Männer als Bedienung, Verkäufer oder Touristikmanager gegenüber.

Kaum angekommen, suchte man dann einen der verschiedenen Getränkeläden *(liquor shops)* auf und kaufte sich zwei, drei Flaschen oder Dosen kühlen Bieres, um es anschließend an einem der Strände genüsslich zu schlürfen.

Der Höhepunkt dieser westlichen »Dekadenz« war aber in jedem Jahr *»The Oktoberfest«.*

Wir, Christiane, ein befreundetes Ehepaar und ich, hatten uns einmal das Vergnügen gegönnt und ein Pauschalarrangement mit Oktoberfestteilnahme und Hotelübernachtung gebucht.

Zu diesem, eigentlich rein bayerischen Ereignis, werden nicht nur fässerweise Löwen-Bräu Bier, Schweinshaxen, Leberkäs, Weißwürste und Brezen eingeführt, nein, sogar eine echt bayerische Volksmusikgruppe wird eingeflogen.

Typische Biertische sind aufgestellt, das Bier wird in Maßkrügen ausgeschenkt und zu den Weißwürsten süßer Senf gereicht.

Wir saßen an einem Tisch mit einer relativ großen Gruppe Engländer zusammen. Es gibt da ja gewisse vorurteilsbehaftete Gerüchte, dass diese europäische Volksgruppe recht gerne dem Alkohol zusprechen würde.

Wir können nun aus eigener Erfahrung bestätigen, dass an diesem Gerücht etwas daran sein könnte, ohne von unserer Tischnachbarschaft auf das ganze Volk verallgemeinern zu wollen.

Jedenfalls waren deren Maßkrüge immer viel, viel schneller leer, als wir unser Bier, zu unserem Leberkäs mit Brezen, überhaupt trinken konnten.

Die Stimmung wuchs langsam über heftiges Schunkeln, wobei wir *Germans* gezwungener Maßen mit einbezogen wurden, zu einem grölenden Höhepunkt an, der aber dann umso schneller abebbte. Nach relativ kurzer Zeit lagen nämlich die meisten Mitglieder der Saufgesellschaft erschlafft mit ihren Köpfen auf dem Biertisch.

Wie lange die dort gelegen haben, entzieht sich meiner Kenntnis, denn wir gingen früh genug zu Bett, um das Elend nicht weiter mit ansehen zu müssen.

Wir verbrachten den nächsten Tag noch vergnüglich am Strand und hatten so einen wunderbaren Wochenendurlaub.

JUNK SOUK

Ein Vergnügen der besonderen Art war der gelegentliche Besuch des Trödelmarktes *(junk souk)* und insbesondere des Teils, worin gebrauchte Kleider angeboten wurden.

Nicht nur für unsere Frauen war es ein Heidenspaß, sondern auch für uns Männer war es lustig mit anzusehen, wie sich unsere Frauen immer wieder neu verkleideten. Natürlich ließen sie ihre eigene Kleidung aus Hygienegründen unter den zu probierenden Stücken an.

Nun waren es aber nicht etwa irgendwelche Alltagsklamotten, die dort angeboten wurden, sondern in der Hauptsache waren es sehr aufwändige Kleider, die möglicherweise extra für eine spezielle Festlichkeit angefertigt und eventuell nur zu diesem einen Anlass ein einziges Mal getragen worden waren.

Da fand man weiße Hochzeitskleider, die buntesten, kitschigsten Mädchenkleidchen, Damenkleider aus Tausend und einer Nacht mit Pailletten und Perlen bestickt und Schleiern behangen, aber auch sehr elegante Abendroben für ein paar wenige Rial. Sozusagen, das Abendkleid für den kleinen Geldbeutel.

Nur so zum Spaß kaufte Christiane nach und nach für zehn bis maximal zwanzig Rial (ein Rial war zu dieser Zeit etwa 65 Pfennige wert) so etwa an die fünf bis sechs derartige Kleider. Vom schwarzen, mit Pailletten bestickten Abendkleid über ein knallrotes enggeschnittenes Cocktailkleid bis hin zu einer Folklore-Tunika.

Aus dem reinen *Spaß*wert beim Kauf wurde aber bei verschiedenen Gelegenheiten durchaus auch ein *Gebrauchs*wert. So konnten Christiane und unsere Tochter, ihre bunten Kleider bei einer Silvesterparty unter Beifall der Freunde vorführen.

Den größten Spaß hatten wir allerdings, als sich Christiane tatsächlich getraute, eines ihrer eleganten Secondhand- Abendkleider zu einer Aufführung in der Münchner Oper zu tragen. Es war dezent in schwarz gehalten, dafür aber sehr reichhaltig mit Perlen bestickt.

Vor der Veranstaltung konnten wir uns dann im Foyer insgeheim diebisch über die bewundernden Blicke der anderen Damen amüsieren. Wir freuten uns schon auf die Pause.

Leider hatten wir aber nicht beachtet, dass die Inszenierung der Oper (Faust von Hector Berlioz) als Einakter aufgeführt wurde. Wie schade!

HEJAZ-BAHN

€igentlich wollte ich diese Sammlung meiner Erinnerungen keinesfalls als Reisebericht schreiben.
Und das soll auch im Fall der vorliegenden Episode
nicht so gesehen werden. Über diese historische Pil-
gerbahn von Bagdad nach Medina gibt es bereits eine
Vielzahl von Schilderungen: Von der Beschreibung
ihres Baus, über deren Zerstörung bis hin zu neueren
Reiseberichten. Das Internet ist voll davon!

(Wer sich darüber näher informieren möchte, dem
kann ich nur folgende Seite wärmstens empfehlen:

http://www.hejaz-railroad.info/index.html)

Der Grund, diese Bahn in meiner Episodensamm-
lung zu thematisieren, ist aber für mich ein ganz besonderer:

Einige der gelieferten Lokomotiven in den An-
fangsjahren um 1910 herum stammen nämlich aus
dem ehemaligen Lokomotiven Werk Jung & Staimer
OHG, das im uns benachbarten Städtchen angesiedelt
war.

(Die Werksgebäude als solche sind heute an verschiedene Unternehmen verpachtet.)

Dieser Tatbestand war mir schon vor unserer Reise bekannt und so hatte ich, da bekanntlich auch der Weg schon das Ziel sein kann, eigentlich zwei Ziele: die Tour an sich und das Wüstenmuseum, in dem eine der restaurierten Loks von Jung zu besichtigen sein sollte.

Die Tour war für die acht Hadsch Feiertage geplant und so fuhren wir zu Beginn des Hadsch Festes früh morgens mit vier Geländewagen in Richtung *Medina* los. Unser gemeinsames Ziel war *Tabuk*. Bis *Medina* ist die Straße als Autobahn ausgebaut, erst dahinter mussten wir ins Gelände.

Kurz vor *Muteid* fuhren wir auf die alte Bahntrasse und hatten von da an, über *Mada'in Salih*, bis zum Ziel rund 663 Kilometer *off road* vor uns.

Teils verlief die Strecke auf ebenem Wüstenniveau, teils auf aufgeschütteten Bahn-Dämmen und teils über Viadukte. Gleise lagen manchmal zerstört oder einfach ausgebuddelt neben der Fahrbahn.

An einer Stelle war der Damm auf einer kurzen Strecke von etwa zehn Metern um zirka zwei Meter Tiefe entweder eingebrochen oder ausgespült.

Es war eigentlich die gefährlichste Situation auf der gesamten Fahrt. Der Damm selbst war relativ schmal und fiel auf beiden Seiten sehr steil ab, sodass ein seitliches Ausweichen nicht möglich war. Wir mussten durch diese steile Senke durch.

Ich hatte wirklich Bammel, denn wenn man auf der Hälfte der Senke hängen blieb, war kaum ein Weiterkommen mehr möglich. Und zusätzlich bestand die Gefahr, dass der Wagen seitlich abrutschte und eventuell sogar umkippte. Ich gab also Vollgas und ... Augen zu und durch!

Als ich (Christiane war ausgestiegen) mit schwarz qualmendem Auspuff auf der gegenüberliegenden Seite mehr angeflogen als angefahren kam, brach ein Beifallssturm los.

Was die alte, schwache Karre doch noch alles konnte!

Auf der gesamten Strecke fuhren wir an unzähligen meist verfallenen Forts und Stützpunkten vorbei. (Ich habe sie damals nicht gezählt. Wer es aber genau wissen möchte, öffne bitte die oben empfohlene Internetseite.)

Auch an einigen »stillgelegten«, vom Rost teilweise zerfressenen Lokomotiven und Güterwagen führte uns unser Weg vorbei.

Die genannten Stationen waren im eigentlichen Sinne keine Bahnhöfe, sondern Sicherheitsposten bzw. Wasser- und Brennstoffdepots. Im Sinne von Passagier-Bahnhöfen gab es auf unserer Strecke nur drei: bei *Al'Ula, Mada'in Salih* und in *Tabuk.*

Und am fünften Tag erschien dann auch am Horizont das alte Bahnhofsgebäude von *Mada'in Salih.* Dieser Ort war eigentlich jener, der uns am wichtigsten war, denn nicht nur die Bahngeschichte wurde dort gepflegt, sondern auch die Geschichte der antiken Bewohner dieser Gegend: der *Nabatäer*.

Dieses Gebiet steht unter der Aufsicht und dem Schutz des saudischen *General Directorate of Antiquities* und es bedarf einer speziellen Erlaubnis, um es besuchen zu dürfen.

Diese Erlaubnis hatte einer unserer Botschaftsmitglieder auch bereits für uns alle besorgt.

Die geschichtlich überlieferte, eigentliche antike Stadt *Hegra* wurde noch nicht ausgegraben. Allein die über einhundert aus dem Fels gemeißelten Monumentalgräber aus dem ersten vorchristlichen bis zum ersten nachchristlichen Jahrhundert sind zu besichtigen. Zwar nicht ganz so beeindruckend wie die bekannte *Nabatäer-Stadt Petra* in Jordanien, aber dennoch sehr sehenswert.

Dagegen ist einer neueren Geschichte, der der Hejaz-Bahn, ein kleines Museum, direkt an der Bahntrasse gelegen, geweiht. Dazu wurde der ehemalige Reparaturschuppen renoviert und ausgebaut.

Museum ist eigentlich etwas hochgegriffen, denn außer einer relativ gut restaurierten Lokomotive und einem Güterwagengerüst konnte man damals nichts sehen.

Aber für mich und auch meine Frau war das dennoch eine Besonderheit. Denn, wie ich eingangs schon erwähnte, war diese Lokomotive nicht irgendeine, sondern eine im Nachbarort unserer Wahlheimatstadt gebaute Lokomotive, auf deren Typenschild zu lesen ist:

JUNGENTHAL – KIRCHEN RHEINLAND

Zu lokalpatriotischen Gefühlen hatten wir als Zugezogene natürlich keinen Grund. Einige meiner Kollegen hatten vor ihrer Lehrertätigkeit in dem Nachfolgebetrieb sogar eine Lehre absolviert und hätten sicher mehr Grund dazu gehabt. Aber dennoch kam schon ein gewisser kleiner kindischer Stolz auf, den anderen Mitreisenden erzählen zu können, dass ich immerhin den Nachfolgebetrieb schon besucht und sogar dessen Lehrlinge unterrichtet hatte. So hatte ich doch irgendwie den Puls der Geschichte gefühlt.

Eine andere erinnerungswürdige Situation ergab sich noch bei der Weiterfahrt nach Norden, indem wir, der Bahntrasse folgend, auf eine Hochebene geführt wurden, die etwa auf einer Höhe von ca. 1100 Metern über NN lag.

Es war Abend und Zeit geworden, die Zelte aufzuschlagen. Womit wir nicht gerechnet hatten, war, dass die gefühlte Temperatur auf dieser Höhe auf nahe den »Gefrierpunkt« gesunken war.

Die dünne Zelthaut unseres kleinen Iglu-Zeltes und unsere einfachen Schlafsäcke konnten die Kälte nur sehr mangelhaft abhalten. Wir froren wie die Schneider.

Unser »Zähneklappern« wurde scheinbar von einem unserer Begleiter gehört, jedenfalls brachte er uns eine Plastikplane, die groß genug war, um uns beide damit zuzudecken. Zumindest die Nacht (wenn nicht gar unser Leben) war gerettet.

In *Tabuk* trennten sich dann unsere Wege. Christiane und ich waren in der glücklichen Lage, dass ich quasi als »Beamter« im saudischen Bildungswesen noch einige Tage mehr Ferien als der Rest der Truppe hatte.

Die anderen fuhren auf dem schnellsten Weg gen Süden zurück nach Riad, während wir auf der Schnellstraße gen Norden zuerst an den *Golf von Akaba* fuhren und dort eine Nacht verbrachten.

Unsere weiteren Ziele waren: Die *Nabatäer-Stadt Petra* und das *Wadi Rum*, das *Tote Meer* und *Amman*. Wie gesagt, will ich hier keinen Reisebericht liefern, deshalb gehe ich hier auch nicht auf eine nähere Beschreibung der besuchten Sehenswürdigkeiten ein.

Erwähnenswert erscheint mir allerdings unsere Heimfahrt von Amman nach Riad. Unfreiwillig wurde diese nämlich eine Nonstop-Fahrt von etwa 1500 km.

Natürlich hatten wir nicht vor, in einem Rutsch nach Riad durchzufahren. Nein, wir wollten etwa auf halber Strecke in *Ha'il* in einem kleinen Hotel übernachten. Leider hatten wir kaum noch Bargeld, sodass wir hoffen mussten, mit unserer Kreditkarte bezahlen zu können. Diese Hoffnung wurde aber bitter enttäuscht. Das Hotel hatte keine Möglichkeit, Kreditkartenzahlungen entgegenzunehmen. Was sollten wir tun? Die nächste größere Stadt war das etwa 300 km entfernte *Buraidah*.

Es war zwar schon Abend, aber wir hatten keine andere Wahl, als erst einmal weiterzufahren. Wir fuhren in eine vom Vollmond hell erleuchtete Nacht.

Als wir in die Gegend von *Buraidah* kamen, waren wir beide noch irgendwie munter und dachten:

»Warum sollen wir denn nicht einfach weiterfahren? Bei dieser wunderschönen Nacht, mit einer unheimlich weiten Sicht, können wir das doch wagen!«

Und wir fuhren weiter und weiter und weiter.

Zwischendrin erlaubten wir uns ein kleines Nickerchen von etwa einer Stunde und dann ging's wieder, immer noch eine Weile bei Vollmond, vorwärts.

Kurz nach Monduntergang erreichten wir dann im Morgengrauen, nach einer etwa 20stündigen Fahrt, unseren Compound.

Todmüde, aber wohlbehalten, fielen wir in unsere Betten.

Gold

Gold spielt in der Beziehung zwischen Mann und Frau in Saudi-Arabien eine ganz besondere Rolle: Es ist eine Form von Dankesbezeugung für erwiesene Liebesdienste schlechthin. Natürlich nicht irgendeiner Geliebten gegenüber (die gibt es ja nicht, weil nicht sein kann, was nicht sein darf), sondern der, möglicherweise sogar ungeliebten, Ehefrau und deren materiellen Absicherung zugunsten.

Der kiloschwere Goldschmuck, zum Beispiel der Hochzeitsketten, verschlingt Unmengen an Rohgold, das entweder tonnenweise importiert wird, oder aber auch aus eigenen Goldminen stammt. Saudi-Arabien betreibt zurzeit fünf Goldminen über die Halbinsel verteilt.

Wir wussten, dass die Mine *Al Amar* mit einer Sondergenehmigung besichtigt werden kann. Sie liegt etwa 250 km südwestlich von *Riad*, also für einen Freitagsausflug eine realistische Entfernung. Wir entschlossen uns, gemeinsam mit fünf Ehepaaren den Ausflug zu wagen.

Meinen Informationen zufolge (ich war schon einmal etwa ein Jahr zuvor mit einer anderen geführten Gruppe dort gewesen) konnten wir uns etwa 30 km vor der Mine bei einem Scheich eine Besichtigungsgenehmigung einholen.

Dieser Scheich war mit einem unserer Kollegen befreundet, der auch bei meinem letzten Besuch dabei war. Leider war dieser aber nicht im Lande, so dass ich es auf meine Kappe nahm, die Genehmigung auch ohne ihn einzuholen. Als ich den Scheich beim letzten Mal kennengelernt hatte, hinterließ er nämlich einen sehr netten, freundlichen Eindruck bei mir.

Nun lag es aber nicht daran, dass der Scheich plötzlich unfreundlich geworden wäre und uns deshalb die Erlaubnis verwehrte, nein, er war schlicht und einfach verreist.

Wie ungeschickt von mir, nicht vorher irgendwie Erkundigungen eingezogen zu haben. Blöd! Was tun?

Sollen wir unverrichteter Dinge wieder die mehr als 200 Kilometer zurückfahren? Nein, wir waren doch alle Dienst- oder gar Diplomatenpasshalter. Wir werden da schon irgendwie reinkommen!

Wir fuhren also die paar Restkilometer von der Autobahn herunter, über Schotterpiste zur Goldmine.

Als wir dort ankamen, machte das ganze Gelände einen absolut verlassenen Eindruck. Eigentlich kein Wunder, denn es war ja Feiertag und wir waren eben auch nicht angekündigt!

So stolperten wir im Gelände herum. Kletterten über Abraumhalden und entdeckten dabei aber auch schon unsere ersten Goldfunde!

Wunderbar golden glänzende Einschlüsse in kleinen Felsbrocken. Da ich, wenn ich mich richtig erinnere, als Ingenieur der Einzige war, der etwas verstaubten naturwissenschaftlichen Kenntnisse besaß, schwante mir recht schnell, dass das, was da so schön glänzte, wohl Katzen- oder Idiotengold sein müsse.

Aber ich ließ den anderen erst mal ihre Freude mit ihren Goldfunden. Sicher wurde meinen Begleitern aber auch langsam klar, dass da auf den Abraumhalden wohl kaum echtes Gold liegen könne. Wir wurden uns dann schnell einig: Wir waren nicht von Gold, sondern von Dummheit geblendet gewesen!

Wir suchten jedenfalls vergebens nach irgendeinem Lebenszeichen. Es war niemand zu sehen, zu hören und eben deshalb auch keiner zu finden.

Da es längst Mittagszeit war und wir eine Art von offenen Wellblech-Carports entdeckten, wurden unsere Klapptische und Stühle aufgebaut und die mitgebrachte Vesper ausgepackt.

Wir saßen und aßen noch nicht lange, da fanden *sie* uns! Eine kleine Mannschaft von Wachpersonal kam in ihrem offenen Geländewagen auf uns zu gestaubt. Sie machten *keinen* sehr freundlichen Eindruck und riefen uns schon von einiger Entfernung irgendwelche unwirschen, arabischen Worte zu.

Wir wären hilflos gewesen, hätten wir nicht die Tochter eines begleitenden Ehepaares bei uns gehabt, die zufällig auf Urlaub bei ihren Eltern war. Dies aber alleine hätte uns auch nicht geholfen, hätte sie nicht bereits seit zehn Semestern Arabistik studiert gehabt.

Die Wächter reagierten auf unsere englischen Fragen nämlich mit Unverständnis und so konnten uns die perfekten Arabischkenntnisse unserer jungen Begleiterin aus der Patsche helfen.

Wie wir aber auch ohne Kenntnisse der arabischen Sprache annahmen, wollten uns die Wachmänner erst einmal des Platzes verweisen. Unter diesen Umständen hätten wir also ohne weiteres das Feld räumen müssen.

Unsere studierte »Araberin« gab sich aber, durchaus in unserem Sinne, damit nicht zufrieden und versuchte denen klar zu machen, dass wir doch *eigentlich* VIPs seien und wir ja *eigentlich* den Scheich sowieso kennen und wir ja *eigentlich* eine Erlaubnis bekommen hätten, wäre der da gewesen.

Diese »Eigentlich-Argumente« hinterließen durchaus einen gewissen Eindruck bei den Wächtern und es entspann sich eine Diskussion unter ihnen, deren Inhalt nicht so wichtig ist. Umso wichtiger ist jedoch das Diskussionsergebnis: »*mafi muschkila!*«

Nun wollten sie nach dem Mineningenieur gucken, ihm von uns berichten und der würde dann entscheiden.

Es dauerte etwa eine halbe Stunde und wir glaubten schon, dass wir doch wieder so unwissend wie wir gekommen waren, hätten umkehren müssen, als der Mineningenieur angefahren kam und uns sehr freundlich in Englisch (er war übrigens kein Saudi, dem Anschein nach Sudanese) einlud, ihm zu folgen und in die Mine mit einzufahren.

Er war mit einem mehrsitzigen Pickup gekommen, lud uns nun auf die Sitzreihen und fuhr mit uns geradewegs in einen rabenschwarzen Minenstollen ein. Bewegungsmelder schalteten Notlichter ein und so konnten wir beobachten, aber auch fühlen, wie wir immer tiefer und tiefer den Stollen hinabfuhren.

Ich kann mich nicht mehr an die genaue Tiefenangabe unseres Führers erinnern, aber wir dürften so etwa um 200 bis 300 Meter unter der Oberfläche gewesen sein, als er mit uns in einer größeren Halle anhielt. Wir stiegen ab, er zeigte gegen die Decke und behauptete, dort oben wäre ein Goldeinschluss zu sehen. Wir waren uns alle einig, dort überhaupt nichts zu sehen.

Als er uns dann erklärte, dass die Ausbeute 12 Gramm Gold pro Tonne Gestein sei, wunderten wir uns überhaupt nicht mehr, dass unsere ungeübten Augen nichts sehen konnten. Wir erkennen wirkliches Gold eben nur im bearbeiteten Zustand beim Juwelier.

Trotzdem, oder gerade deshalb war es wieder einmal ein sehr lohnender, erlebnis- und lehrreicher Ausflug gewesen, auch, wie so oft im Sinne von:

Mafi muschkila oder Ende gut, Alles gut.

ABSCHIED

Wie ich am Ende des Kapitels Mekka schon kurz erwähnte, war mein Inneres irgendwie auf baldigen Abschied eingestellt.

Ich brachte mir deshalb aus dem Sommerurlaub einen elektronischen Lachsack mit. Eines dieser kleinen Geräte, aus denen, wenn man auf sie drückt, ein herzzerreißendes Lachen erschallt. Er sollte mich unterstützen, die auf uns zukommenden Veränderungen und möglichen Unwegsamkeiten (siehe Saudisierung) weiterhin mit Gleichmut und Humor zu bewältigen.

Er kam wahrlich des Öfteren zum Einsatz. Denn die Umstände dramatisierten sich bis zum Ende dieses Schuljahres auf folgendem Hintergrund:

Das kurz im Kapitel »Saudisierung« angesprochene Jugendarbeitslosenproblem führte in den letzten zwei Jahren zu zwei, vordergründig betrachtet, berechtigt erscheinenden Fragen.

Erstens: War das von unserer deutschen Organisation aufgebaute und betreute schulische Ausbildungssystem noch das richtige, um die anstehenden Probleme zu meistern? (Stichwort Jugendarbeitslosigkeit!)

Zweitens: Waren eigentlich die saudischen Lehrer, nach so langer Zeit der Betreuung, immer noch nicht fähig, sich und ihren Unterricht selbst zu organisieren? (Stichwort Saudisierung!)

Die Antwort auf die *zweite* Frage war schnell gegeben:

»Das wollen wir doch mal sehen!«

Das bedeutete für die etwa noch 20 vor Ort an den Schulen wirkenden Kollegen, dass die meisten von ihnen zum nächsten Schuljahr keine Vertragsverlängerung mehr bekamen. Sie wurden quasi, ebenso wie Ägypter und andere Ausländer, nachhause geschickt und die saudischen Lehrer waren plötzlich auf sich gestellt.

Die *erste* Frage, bzw. das darin enthaltene Problem, war dagegen nicht so leicht durch einen einfachen Rausschmiss von uns Theoretikern zu lösen. Zwar dachten die Saudis, wir wären für die Lösung der Probleme nicht qualifiziert genug, denn kaum einer von uns war promoviert. Die neue junge saudische Führung dagegen hatte ihren PhD aus England oder USA mitgebracht und einige von ihnen fühlten sich uns damit etwas überlegen.

Wo aber sollten sie höher bzw. »höchstqualifizierte« Experten so schnell herbekommen?

Notgedrungen nahmen sie weiterhin erst einmal mit unseren Diensten vorlieb.

So sollten wir Kommissionen und Arbeitsgruppen bilden und Mängel in den verschiedenen Systemen aufdecken und Alternativen erarbeiten. *Plötzlich mutierte ich vom Didaktiker der Metalltechnik zum Systemanalytiker* und hatte, zusammen mit einem Kollegen aus der Elektrotechnik, Fehlerfaktoren auszumachen und Vorschläge zu deren Beseitigung zu erarbeiten.

Wir beide besuchten dazu sogar im Heimaturlaub ein einschlägiges Seminar.

Es war ein völlig neues, aber umso interessanteres Betätigungsfeld. Und ebenso plötzlich hatten wir es mit den obersten Etagen der saudischen Administration zu tun und nicht nur mit einfachen Lehrern oder höchstens mit sogenannten Schulinspektoren. Wir waren zu »Regierungsberatern« avanciert.

Zusätzlich war auch noch der negative Nebeneffekt aufgetaucht, dass wir Deutschen nicht mehr die einzigen auf dem Spielfeld waren. Australische, kanadische, ja sogar Systeme aus Fernost (z.B. Singapur) wurden in blindem Aktionismus von der saudischen Führung mit ins Feld geführt. Zwar wurden wir noch gefragt, was wir davon denn hielten, aber vor lauter unterschiedlichen Systemen sah man nach geraumer Zeit den sprichwörtlichen Wald vor lauter Bäumen kaum noch. Es wurde langsam chaotisch!

Wäre vor Jahren die saudische Führung unseren immer wieder vorgebrachten Vorschlägen gefolgt, hätte es möglicherweise nicht so weit kommen müssen, nämlich: die Industrie, entsprechend unserem deutschen dualen Ausbildungssystem, mit in die Verantwortung zu nehmen. Betriebe die die Jugendlichen nach ihren Bedürfnissen mitausbilden, würden diese sicherlich eher in ein Arbeitsverhältnis übernehmen. Und aus verschiedenen Industriezweigen selbst kam der gleiche Vorschlag des Öfteren. Aber die saudische Administration fürchtete wohl, das Heft aus der Hand genommen zu bekommen.

Ohne weiter in die Einzelheiten zu gehen, möchte ich es kurz machen: Irgendwie ging den Saudis alles zu langsam. Unser ehemaliger Projektleiter hatte das Handtuch geworfen. Ein neuer war zwar in Sicht, der im nächsten Schuljahr mit einer erneuerten Mannschaft das Ruder herumreißen sollte. Aber auch ihm wurde die Angelegenheit, nach einigen mit der saudischen Führung gemeinsam erlebten Sitzungen, wohl zu chaotisch. Soweit ich weiß, trat er seinen Posten nie an. An ihre naive Hoffnung, dass die Probleme kurzfristig gelöst werden könnten, trat ein verzweifelter Trotz. Sie setzten nun doch auf andere, auch wohl billigere Hilfe.

Mit Ende des nächsten Schuljahres liefen alle unsere »Regierungsberater-Verträge« aus!

Mich traf dies nicht unvorbereitet, denn wie schon gesagt, war mein innerer Kompass ohnehin bereits auf Heimat eingestellt gewesen.

Auch hatte ich meinem Schulleiter in Deutschland schon signalisiert, dass er zum nächsten Schuljahr wieder mit mir rechnen müsse.

HAUSHALTS-
AUFLÖSUNG

Schon im Juni fingen wir also an, uns um mögliche Interessenten für unseren Hausstand zu bemühen. Ich fragte im Kreise unserer Bekannten, von denen ich wusste, dass sie noch länger im Land bleiben würden, was sie eventuell gebrauchen könnten.

So wurde ich zum Beispiel meinen Sprudelwasserbereiter, dessen Gasversorgung ich auf einen CO_2-Feuerlöscher umgebaut hatte und meine Gartenabdeckung an unseren schon mehrmals erwähnten Wüstenfuchs los.

Viel Mobiliar hatten wir ja in den Jahren nicht angehäuft, da die Häuser möbliert gemietet waren. Lediglich ein Fernseh- und Blumentischchen sowie einen kleineren Schreibtisch hatten wir angeschafft.

Bei mehreren veranstalteten Garagenverkäufen boten wir, gemeinsam mit anderen befreundeten Ausreisenden, unsere Küchengeräte, Kleidung, Blumenvasen und Ähnliches an. Aber auch in Supermärkten kündigte ich den Verkauf besonderer Dinge, wie etwa das E-Piano meiner Frau an.

Diesbezüglich kam dann auch eines Freitagnachmittags, nach telefonischer Anmeldung, ein amerikanisches Ehepaar zu uns. Sie wollten das E-Piano gern für ihre etwa 10jährige Tochter erstehen. Wir wurden uns über den Preis auch schnell einig und schlugen ein.

Der Blick der Frau wanderte interessiert in unserer Wohnung umher, um auf einigen an der Wand hängenden Bildern kleben zu bleiben. Die Bilder hatte Christiane im Laufe der Zeit zu dutzenden beim früher kurz erwähnten Frauenmalkurs in Aquarell gepinselt.

Die Amerikanerin zeigte sich sehr daran interessiert und erklärte, dass sie erst vor kurzem ins Land gekommen seien und noch zwischen völlig kahlen Wänden lebten. Sie fragte, ob einige der Bilder denn zu kaufen seien?

Obwohl Christiane nie daran gedacht hatte, je ihre Bilder zum Verkauf anzubieten, ließ sie sich nun nicht lange bitten, denn wo hätten wir auch mit all den Bildern bei uns zuhause in Deutschland hingesollt? Ein Preis war auch rasch ausgehandelt, der immerhin so hoch war, dass sie damit nahezu ihren gesamten Malkurs refinanziert hatte.

Ach ja ... mein Surfbrett, das ich beim Umzug von Dschidda nach Riad mitgenommen und nur wenige Male am arabischen Golf genutzt hatte, musste leider auf dem Sperrmüll landen.

Welcher andere Verrückte hätte das auch kaufen wollen, bei dem »nur« 400 km breiten Sandstrand Riads?

Autoverkauf

Manche Kollegen wagten es tatsächlich, mit ihren bewährten Geländewagen, aber auch mit PKWs die Heimreise über Land anzutreten. Die Autopreise waren in Saudi-Arabien, verglichen mit Deutschland damals doch erheblich niedriger und so nahmen sie die billigeren Autos mit nach Hause.

Ich hatte das jedoch nie in Betracht gezogen. Erstens wollte ich nicht mit einem Geländewagen zuhause zum Einkaufen fahren, zweitens hatten wir ein schönes neues Cabrio in der Garage stehen und drittens hatte mein Pajero ohnehin in den sechs Jahren doch einige Probleme mit dem Getriebe, aber auch am Motor gezeigt. Ich musste ihn loswerden!

Einen Wagen wie meinen zu verkaufen, wäre eigentlich nicht besonders schwer gewesen. Das hatte ich schon einige Male erfahren. Nahezu jedes Mal, wenn Autohändler des Gebrauchtwagenmarktes (Auto-*Souk*) mich mit meinem Wagen ankommen sahen, stoppten sie mich und wollten ihn kaufen.

Zu diesen Zeitpunkten hatte ich aber noch keinerlei Verkaufsabsicht.

Nur so zum Vergnügen und als Zeitvertreib fuhr man nämlich abends ab und zu dorthin, um die exotischsten Fabrikate zu bewundern und auch gelegentlich mal Probe zu fahren. Und bei solchen Gelegenheiten hatte mich einer der interessierten Autohändler schon mehrere Male angehalten. Als ich ihm erklärte, dass ich das Auto noch bis Sommer bräuchte, zwang er mich mehr oder weniger sanft, ihm meine Telefonnummer zu geben. Unter der rief er dann auch ab und zu an, um zu fragen, wann er den Wagen denn endlich übernehmen könne.

Meine Frau wusste beim ersten Anruf überhaupt nicht was der Anrufer wollte. Im Übrigen hatte er mir aber schon einen recht guten Preis genannt. Daher wusste ich eben, dass ich das Gefährt ohne weiteres verkaufen konnte.

Aber der Zeitpunkt des Verkaufes war das eigentliche Problem. Ich brauchte das Auto ja quasi bis zur letzten Minute, wenn ich nicht wieder einen teuren Leihwagen anmieten wollte.

In solchen Fällen kam ein palästinensischer Fahrer in der Deutschen Botschaft zu Hilfe. Er kaufte den Wagen, sagen wir, drei Wochen vor der Ausreise zu einem ausgehandelten Festpreis und übernahm ihn erst am Tag der Ausreise, um ihn dann auf eigene Rechnung weiter zu verkaufen.

Und, er übernahm sogar mit dem übernommenen Wagen den Taxidienst zum Flugplatz. An den wandte ich mich dann, wie viele vor mir, ebenfalls.

Nun war mein Pajero etwa an die neun Jahre alt, hatte zwei Getriebe- und eine Motorreparatur hinter sich. Auch der Turbolader machte so seine Probleme. Dies alles berücksichtigend, einigten wir uns dennoch auf den auch schon vom Gebrauchtwagenhändler angebotenen Preis.

Welches Pech aber auch! Etwa drei Wochen vor Abgabe meldete sich zum dritten Mal ein Schaden am Vierradgetriebe an. Ich erkundigte mich, was die Reparatur etwa kosten sollte, denn einen kaputten Wagen wollte ich nicht abgeben. Der genannte Reparaturpreis und die dazu benötigte Zeit waren aber beide so hoch, dass ich es vorzog, mit meinem Ankäufer darüber zu verhandeln.

Wir kamen überein, dass wir 80% des genannten Reparaturpreises vom Kaufpreis abziehen wollten. Er hätte dann bis zum Wiederverkauf genügend Zeit gehabt, die Reparatur sicher auch billiger durchführen zu lassen.

Aus gesetzlichen Gründen durften Privatkäufer untereinander aber keinen bindenden Kraftfahrzeug-Kaufvertrag abschließen. Dieser musste von einem gewerblichen Autoverkäufer ausgefertigt und mitunterzeichnet werden. Warum das so sei, wurde mir nicht erklärt.

Und so fuhren wir kurz vor der Wagenübergabe zum Auto-*Souk*, um einen bindenden Kaufvertrag ausstellen zu lassen.

Wir hatten kaum die Einfahrt des *Souk*-Geländes erreicht, da winkte doch tatsächlich bereits wieder

der gleiche, oben erwähnte, lästige Autohändler. Nicht dass ihm daran gelegen war, für uns einen Kaufvertrag gegen eine kleine Gebühr auszustellen, nein, er wollte das Auto unbedingt selbst kaufen.

Das kaputte Auto? Unmöglich!

Ich hatte aber keine Chance, meine Bedenken überhaupt vorzubringen. Die beiden waren schon heftig in Verhandlungsdiskussionen verstrickt und ich hörte einige Zahlen heraus, die mir doch recht spanisch vorkamen. Die beiden schienen sich aber auch schon kurz darauf geeinigt zu haben. Ohne dass ich wusste, wie mir geschah, wollte der potentielle Käufer auch gleich auf den Fahrerbock, komplimentierte mich auf den Beifahrersitz und ab ging's zu seinem Büro.

Erst beim Ausstellen des Kaufvertrages, von dem ich außer den Zahlen nichts lesen konnte, sah ich, welchen Preis sie ausgehandelt hatten. Genau den Preis nämlich, den der Händler mir schon Wochen vorher genannt hatte.

Zusätzlich beobachtete ich zuvor, wie mein Verkaufsagent scheinbar eine Verkaufsprovision von beträchtlicher Höhe in die Hemdtasche schob.

Der Ankäufer hatte wohl angenommen, mein »Agent« helfe mir nur beim Verkauf und würde den vollen Kaufpreis an mich weitergeben.

In einer ruhigen Sekunde teilte ich endlich meinem Vermittler meine Bedenken wegen des kaputten Getriebes mit.

Der aber wischte mit einer Handbewegung und mit der Bemerkung: »*Wir sind hier nicht in Deutschland!*«, meine moralischen Skrupel einfach vom Tisch.

Wieder mal *Mafi Muschkila?*

»Gottes Wille« *(inschallah)* wurde aber bei diesem miesen Geschäft offensichtlich ignoriert!

Das Auto blieb also gleich dort stehen und wir fuhren mit dem Taxi zurück. Den Fahrpreis zahlte mein Verkaufsagent von seiner völlig unverdienten, um nicht zu sagen, erschwindelten Zusatzverkaufsprämie.

Ich war nicht nur demoralisiert, sondern auch sehr, sehr ärgerlich über diesen unlauteren Deal. Er hatte also nun durch diese unehrlichen Machenschaften auf leichteste Weise nicht nur meinen Preisnachlass, sondern auch noch eine Sonderprämie verdient. Das konnte ich, wenn ich schon nichts mehr an diesem Geschäft ändern konnte, so nicht hinnehmen. Ich machte ihm klar, wie ich das sähe und verlangte von ihm, dass wir wenigstens meinen zugesagten Preisnachlass, mindestens zur Hälfte, rückgängig machen müssten.

Was blieb ihm anderes übrig, als darauf einzugehen. Immerhin lief er Gefahr, dass ich sein betrügerisches Tun in der Botschaft publik machen würde.

LICHT AUS!

Wie war das doch gleich noch? Wollten die Saudis nicht nur noch »*highest qualified experts!*« akzeptieren?

Nachdem alle unsere Regierungsberater Verträge ausgelaufen waren, standen natürlich nicht sofort akzeptable promovierte oder gar habilitierte Experten zu Diensten.

So wollte es die Ironie des Schicksals, dass die saudische Führung letztlich auf drei bodenständige Praxisberater angewiesen war, die noch bis zum nächsten Schuljahresende bestimmte Ersatzteilprobleme zu lösen hatten und ähnliche praxisbezogene Aufgaben zu Ende führten.

Sie waren es dann auch, die das Licht in unseren ehemaligen Büroräumen zum letzten Mal ausschalteten.   Aber:

Inschallah war ja schon *Bokra Mumkin* alles viel besser geworden. Und wenn nicht, was soll's?

Denn wie heißt es so schön:

»MAFI MUSCHKILA!«

ᎠᎥᎬ ᎬᏒᏞᎬᏴᏁᎥᏚᏚᏖᏗᏖᏖᎬᏁ

Farasan Inseln

NACHWORT

Schon in der Einleitung habe ich erwähnt, dass sich in Saudi-Arabien Einiges, insbesondere im sozialpolitischen Bereich, geändert hat.

Die in den Erzählungen erwähnte *Luci* und ihr Saudischer Ehemann, der in Deutschland seine Facharztausbildung absolvierte, kommen uns jedes Jahr mindestens einmal besuchen und berichten von ihrem »neuen« Saudi-Arabien.

Gewisse Lockerungen im öffentlichen Leben wurden gewährt, so z.B., dass nun Frauen Autofahren »dürfen« oder, dass auch eine gewisse Freizeitinfrastruktur erlaubt, Kinos oder Konzertveranstaltungen zu besuchen. Gleich reihenweise sollen in Saudi-Arabien in den nächsten Jahren neue Sportanlagen, Kinos, Theater, Museen, Freizeitparks und Kulturzentren aus dem Boden sprießen. Auch die Tourismusfeindlichkeit soll korrigiert werden, denn die Öl-Dollars fließen seit geraumer Zeit spärlicher, und so verspricht man sich zusätzliche Einnahmen in die Staatskasse. Dazu wurde auch bereits eine Mehrwertsteuer eingeführt. Denn auch der unsägliche Krieg im Jemen verschlingt Millionen.

Es ist sicher nur eine Sache der Zeit, dass auch dieses traditionelle, den strikten islamischen Werten verpflichtete Land, der an moralischen »Werten« verarmten, nur der Wirtschaftlichkeit verpflichteten Welteinheitskultur anheimfällt.

So bringt die freie Fahrt für saudische Frauen, sicher bald den Nachteil mit sich, dass aus dem Fahren-»Dürfen« bald ein »Müssen«, eine Transportpflicht für die Kinder der Familie wird. Auch spricht man schon von Taxifahrerinnen.

Andere sicher viele interessante, für uns »exotisch« anmutende Lebensgewohnheiten werden verschwinden. Beispielsweise wird es sicher die geschilderten, ungewöhnlichen, aber liebenswürdigen Kreisverkehrs-Partys bald nicht mehr geben. Denn modernere Restaurants ohne Geschlechtertrennung bieten natürlich bequemeren Raum.

Die für uns vielleicht als Unzuverlässigkeit wirkende Gelassenheit wird auch bald der ökonomischen Gehetztheit westlichen Lebens weichen müssen.

Die anheimelnde und intime Familienbezogenheit saudischen Lebens, wird bald einer lauten ausschweifenden Öffentlichkeit weichen. Das Internet wird das Seine dazu beisteuern. Jede Intimität wird an die Öffentlichkeit gezerrt werden.

Wird die allgemeine Angleichung an westliche Lebensgewohnheiten auch ein besseres gegenseitiges Verständnis herbeiführen? Ich fürchte wohl kaum. Nur das echte gegenüber von Mensch zu Mensch kann Missverständnisse abbaut.

Mir waren jedenfalls alle die zu erwartenden Veränderungen Grund genug, mit meinen Geschichten nochmals in die Vergangenheit, in die evtl. »gute alte Zeit«, zurückzublicken.

Im Corona Jahr 2020/21